Como administrar os conflitos e vencer... juntos

Coleção Caminhos da Psicologia

- *Ajudar sem se esgotar* – Luciano Sandrin
- *Apego e amor* – Grazia Attili
- *Autismo infantil* – Pierre Ferrari
- *Como administrar os conflitos e vencer... juntos* – Paolo Salvatore Nicosia
- *Jovens violentos* – Filippo Muratori
- *Não agüento mais!* – Elisabetta Baldo
- *Sexualidade e amor* – Gigi Avanti
- *Trabalhar com o coração* – Valerio Albisetti

Paolo Salvatore Nicosia

Como administrar os conflitos
e vencer... juntos

Paulinas

Dados Internacionais de Catalogação na Publicação (CIP)
(Câmara Brasileira do Livro, SP, Brasil)

Nicosia, Paolo Salvatore
 Como administrar os conflitos e vencer... juntos / Paolo Salvatore Nicosia ; [tradução Antonio Efro Feltrin]. – 1. ed. – São Paulo : Paulinas, 2007. – (Coleção caminhos da psicologia)

 Título original: Come gestire i conflitti e vincere... insieme

 Bibliografia
 ISBN 978-85-356-2097-9
 ISBN 88-315-2655-3 (ed. original)

 1. Administração de conflitos 2. Mediação 3. Psicologia social 4. Relações interpessoais 5. Solução de problemas I. Título. II. Série.

07-6907   CDD-303.69

Índice para catálogo sistemático:
1. Administração de conflitos : Mediação e conciliação : Sociologia   303.69

Título original da obra: *Come gestire i conflitti e vincere... insieme.*
© Figlie di San Paolo, 2004 – Via Francesco Albani, 21 - 20149 – Milano

Direção-geral: *Flávia Reginatto*
Editora responsável: *Luzia M. de Oliveira Sena*
Assistente de edição: *Andréia Schweitzer*
Tradução: *Antonio Efro Feltrin*
Copidesque: *Roberta Marques de Lima*
Coordenação de revisão: *Marina Mendonça*
Revisão: *Sandra Sinzato e*
Mônica Elaine G. S. da Costa
Direção de arte: *Irma Cipriani*
Gerente de produção: *Felício Calegaro Neto*
Capa e diagramação: *Telma Custódio*

Nenhuma parte desta obra poderá ser reproduzida ou transmitida por qualquer forma e/ou quaisquer meios (eletrônico ou mecânico, incluindo fotocópia e gravação) ou arquivada em qualquer sistema ou banco de dados sem permissão escrita da Editora. Direitos reservados.

Paulinas

Rua Pedro de Toledo, 164
04039-000 – São Paulo – SP (Brasil)
Tel.: (11) 2125-3549 – Fax: (11) 2125-3548
http://www.paulinas.org.br – editora@paulinas.com.br
Telemarketing e SAC: 0800-7010081

© Pia Sociedade Filhas de São Paulo – São Paulo, 2007

Prefácio

por Giuliana Martirani*

O autor propõe este *guia para a mediação e para a conciliação dos conflitos* a partir da experiência profissional de conciliador, que exerce através de sua agência "Concilia", com sede em Assis (Itália), e da sua experiência científica de professor na Universidade de Pisa, onde ensina "Mediação e Conciliação" no curso de Doutorado em Ciências para a Paz.

Finalmente um livro que tem presente a realidade na qual estamos imersos (conflituosa, agressiva, litigiosa, violenta, egoísta...), mas também a utopia que desejamos de todo o coração (reconciliação, afeto, ternura, união...). Uma utopia que, partindo da realidade e "assumindo-a", quer tornar-se projeto, isto é, realidade renovada.

---

* Professora de Geografia Política e Economia na Faculdade de Ciências Políticas da Universidade Federico II (Nápoles), de Geografia do Desenvolvimento em Lumsa (Palermo), e de Justiça, Paz e Integridade da Criação no Estúdio Franciscano Interfamiliar (Nola). Escreveu diversos livros sobre desenvolvimento, paz, ambiente, não-violência e interculturalismo, entre eles *A civilização da ternura* e *A dança da paz*, publicados pela Paulinas Editora.

Este é o segredo para "vencer juntos", como propõe este livro: assumir a realidade, encará-la tal como é, aceitar o conflito e, sobretudo, "administrá-lo".

Freqüentemente na nossa sociedade temos tendência a esconder os conflitos, principalmente de nós mesmos. Fazemo-lo por muitos motivos: às vezes por falsos pudores, às vezes para viver sossegados, às vezes ainda porque esperamos que desapareçam espontaneamente.

O resultado é, no entanto, justamente o contrário: os conflitos não desaparecem, mas se tornam mais agudos, tornam-se muito maiores, envenenando o cotidiano das pessoas envolvidas. A vida passa a ser insuportável, e não temos nem vontade de agradecer a Deus por um sol que surge num outro dia difícil, dia este que se mostra com toda a sua carga de nervosismo e de tensão: na família, na escola e também na comunidade. Estas são as situações que o autor examinou.

Com muita sagacidade os conflitos-tipo identificados por Paulo Nicosia são justamente aqueles que mais envenenam o cotidiano das pessoas que amamos: os conflitos familiares – especialmente entre marido e mulher, entre pais e filhos, entre duas irmãs por uma questão de herança... –, também os conflitos no trabalho e na escola, por cujas humilhações e dificuldades todos passamos, e os conflitos das comunidades nas quais vivemos, a comunidade social, primeira entre todas.

São exemplos de conflitos que, deixados na sua tensão não resolvida, podem envenenar as nossas existências e que, ao contrário, resolvidos, desatam não somente os nós vividos com as pessoas implicadas, mas desatam também o coração, que pode recomeçar a se abrir para a aventura da vida com os outros.

Porque se formos fechados à nossa dor pelos conflitos com os nossos amigos, vizinhos e colegas, também o ressentimento, o rancor e a dor aguda nos fecharão a toda abertura para o mundo, tanto para o mundo dos amigos e familiares como para o mundo inteiro, que espera de nós um ímpeto de solidariedade e de fraternidade.

Um livro sobre a mediação e sobre a conciliação que tem presente as dificuldades humanas e a vontade de superá-las. Uma vontade, no entanto, que não é mera veleidade, mas que comporta passos que devem ser dados, praxes que devem ser seguidas, fatos que devem ser realizados, e pessoas que ajudam a fazer tudo isso, com métodos bem precisos, para passar do conflito ao acordo e, portanto, à paz.

Métodos e técnicas são, de fato, examinados no livro a partir das histórias e dos acontecimentos conflituosos. A partir de personagens bem delineados e vicissitudes precisas se desenvolve, de fato, como guia, o percurso para o acordo: quais passos dar, em quais fases, com quais intervenções. No final de cada história, tal percurso é resumido em duas fichas, enquanto, dentro do processo de conciliação, são evidenciadas em itálico as técnicas que devem ser utilizadas, e sublinhados os passos analíticos, marcados também com uma sigla.

Tudo isso para tornar também graficamente significativas e relevantes, para fins de futuras mediações e conciliações, as intervenções por parte de mediadores naturais (irmãs, padres, catequistas, professores, pais...), como também daqueles mediadores que a tradição cristã identificara e que terminaram não tendo nenhum papel no processo de acompanhamento e de resolução dos conflitos: padrinhos e madrinhas de batismo e de crisma, testemunhas de casamento etc.

Um livro que pode fazer de nós todos vencedores porque nos con-vence!

INTRODUÇÃO

O mediador ou conciliador

Já aconteceu a alguém servir de intermediário em uma controvérsia familiar ou entre amigos ou no trabalho ou na paróquia: alguns possuem um sentido inato do desprendimento e da objetividade, ou ainda uma indubitável respeitabilidade e serenidade que permite a dois familiares ou amigos ou colegas se comunicarem e se entenderem melhor, e encontrarem a solução para o conflito. Pode-se dizer que mediadores ou conciliadores têm dons naturais, mas para evitar problemas derivados da improvisação ou somente do bom senso, é oportuno seguir um pouco de formação e ater-se à alguma linha de orientação.

A história e a atualidade nos falam de uma freqüente intervenção de terceiros que facilitam a solução pacífica de um conflito entre partes mais ou menos conhecidas; dos antigos druidas e sacerdotes nos seus clãs e aldeias aos conciliadores chineses, cuja respeitabilidade deriva dos princípios do confucionismo, aos *amicabiles compo-*

sitores de memória romana, retomados pelas intervenções de papas e legados pontifícios da Idade Média em diante, até o recente desenvolvimento da conciliação ou *mediation*, que aprofunda suas raízes no mundo anglo-saxão (provavelmente predisposto graças ao proverbial *self-control*), mas que se espalhou rapidamente em muitos países.

Os mediadores e os conciliadores "profissionais" normalmente são pessoas já predispostas a agir na qualidade de terceiros, não para julgar e dar a própria sentença, mas para facilitar uma solução negociada da controvérsia entre as partes. Freqüentemente são profissionais que fizeram cursos apropriados e são inscritos em listas de mediadores familiares ou sociais, de conciliadores judiciais ou trabalhistas, mas podem ser também pessoas que, independentemente de cursos e inscrições em listas, possuem respeitabilidade e gozam da confiança de ambas as partes.

Quase nenhum dos mediadores ou conciliadores dos casos descritos neste livro era um profissional legalmente habilitado, mas todos conheciam pelo menos as bases fundamentais de tais processos e, por isso, seguiram um percurso que não teria sido concluído com a atribuição da culpa ou da razão a alguém. O sucesso que se procurava, com o consentimento prévio das partes em tal direção, era o de facilitar um acordo que as mesmas partes, na medida em que o reconheciam válido, deveriam encontrar.

O indivíduo mediador ou conciliador se limitou a ajudar a reconhecer, antes de tudo, quais eram as exigências fundamentais e as necessidades imprescindíveis que deveriam ser satisfeitas; limitou-se a ver como exigências e necessidades aparentemente contrastantes podiam ser compatíveis, se não até complementares. Aquilo que, na verdade, freqüentemente contrasta é o modo de responder àquelas exigências, àquelas necessidades que constituem as "posições" (as assim chamadas "questões de princípio", nas quais, porém, o princípio que se defende não é tanto uma lei ou um fundamento ético, mas antes uma convicção ou posicionamento em uma tomada de posição, às vezes fim em si mesma, que termina por ter mais importância que a necessidade ou a exigência à qual deveria responder).

As respostas ao conflito

Todos nós experimentamos em nossa vida os conflitos: imersos na placenta materna, já registramos de modo primordial o conflito que existe no ambiente externo e as emoções conflitantes de nossa mãe. Logo que nascemos, o primeiro ar que respiramos cria um conflito em nossos pulmões, que não estão acostumados, tanto que os queima e provoca o primeiro e vigoroso choro. O crescimento nos faz, depois, experimentar muitos conflitos, tanto com nós mesmos quanto com o mundo que nos rodeia, da família à escola, ao trabalho, às situações que podem acontecer com estranhos. O conflito parece invadir a existência humana.

Mas o que é realmente o conflito, seja interior, seja exterior? É uma situação na qual duas ou mais exigências parecem não poder ser satisfeitas ao mesmo tempo ou, então, quando a realização de uma parece necessariamente levar ao sacrifício da outra. Disto derivam sensações desagradáveis e reações também muito negativas para com aquela parte de nós ou dos outros, que parece contrastar com a realização de uma nossa exigência muito sincera. Esses tipos de reação geram, na melhor das hipóteses, uma situação de vitória/derrota, que leva a parte vencedora a se defender dos contra-ataques da parte perdedora, quando não acontece até mesmo serem as duas partes as perdedoras.

As possíveis respostas que cada um pode pôr em campo para reagir ao conflito, das mais óbvias às mais absurdas, encontram sempre referências precisas no Antigo e no Novo Testamento. Há quem responda ao conflito violentamente (quando se está mais interessado em vencer de qualquer maneira), mesmo com risco de perder ao invés de manter uma boa relação com os outros. Uma resposta clássica é o LITÍGIO pelo qual os conflitos podem ser levados diante da autoridade constituída, o que deveria causar medo em quem faz o mal, não a quem faz o bem, como diz são Paulo (Rm 13,3-5). Infelizmente, as causas resolvidas no tribunal normalmente arruínam a relação, e nem sempre é verdade que realizam uma justiça verdadeira (1Cor 6,1-11).

Há, no entanto, quem reage ao conflito com um verdadeiro e próprio ATAQUE. De fato, certas pessoas procuram vencer quem se contrapõe a elas usando várias formas de intimidação, ataques verbais ou físicos. Aliás, o evangelho de Mateus nos recorda que, mesmo que não se atente contra a vida de um irmão, se é julgado também pela simples raiva experimentada, que no fundo tem a mesma motivação do ataque, mas não é expressa fisicamente (Mt 5,21-22).

Há quem costuma EVITAR os conflitos, considerando o problema como inexistente ou evitando fazer aquilo que seria certo fazer para resolvê-lo: normalmente se consegue um alívio inicial, mas, com o passar do tempo, o problema piora. Uma atitude semelhante é representada pela FUGA, o distanciar-se do problema, como, por exemplo, romper a amizade, deixar um trabalho, separar-se do cônjuge ou mudar de paróquia. Normalmente a fuga não é o melhor modo de resolver o problema, a não ser em raros casos, como diz o profeta Samuel no relato dos atentados à vida de Davi (1Sm 19, 9-18).

Há depois a via do ACORDO, que comporta uma aproximação entre as partes de um conflito ou um autêntico perdão cristão por parte de quem foi vítima de uma ofensa. Se não se chega a perdoar, pelo menos se pode ir ALÉM DA OFENSA, como nos recorda o livro dos Provérbios (Pr 12,16; 17,14; 19,1).

Outro modo profundamente cristão de enfrentar um conflito é a PACIFICAÇÃO, de modo direto com a outra parte, como sugere o evangelho de Mateus, que a antepõe à oferta ao altar (Mt 5,23-24). No entanto, quando se discute sobre interesses como dinheiro ou propriedades ou outros direitos tangíveis, pode-se NEGOCIAR com a outra parte uma solução que consiga evitar uma contestação diante do juiz, com os conseqüentes riscos (Mt 5,25-26), ou, melhor, satisfazer os interesses de ambas as partes, considerando o outro superior a si mesmo, como diz são Paulo (Fl 2,3-4).

Se a pacificação ou a negociação não conseguem obter o seu efeito diretamente, pode-se procurar envolver um terceiro, que facilite a MEDIAÇÃO e a CONCILIAÇÃO.

No evangelho de Mateus é sugerido que se dirija a terceiras testemunhas ou à própria Igreja para resolver uma desavença com um irmão (Mt 18,15-16). Se, no entanto, o terceiro tem um papel de autoridade, são Paulo sugere que ele seja expressão da mesma comunidade cristã à qual pertencem as partes (1Cor 6,5).

Como ler este guia

Nas histórias são apresentadas várias técnicas e habilidades que o terceiro, mediador ou conciliador, pode, utilizar para ajudar as partes nas várias fases de um processo de mediação ou de conciliação. Essas fases aparecem como títulos dos parágrafos, enquanto as técnicas são grafadas em itálico, dentro de cada parágrafo; a colocação das fases e das técnicas é somente indicativa, não sendo necessário segui-las todas nem é preciso acompanhar servilmente uma seqüência que, de qualquer maneira, sugerimos apenas como indicação. As fases principais são:

- *O conflito* (descrição inicial daquilo que faz as partes discordarem).

- *Para começar* (sistematização logística, abertura por parte do terceiro e seu papel, regras que devem ser respeitadas, primeiras colocações das partes...).

- *Aprofundamentos* (de cada aspecto: interesses, necessidades, emoções...; ou de cada parte com o terceiro).
- *Pontos críticos* (separar as pessoas do problema, superar os próprios limites e verificar emoções e compreensão recíprocas...).
- *Vamos aos finalmentes* (superando os últimos problemas e desenvolvendo possíveis soluções, dentre as quais se escolhe aquela que melhor satisfaz as partes).
- *Façamos a paz* (o acordo final que resolve o conflito).

Além disso, nas histórias aparece uma série de passos aconselhados (sublinhados e com os respectivos parênteses), tirados da experiência pessoal de quem escreve, para destacar os elementos que melhor levam à solução dos conflitos, através de análises precisas que o mediador ou o conciliador desenvolve por conta própria ou, melhor, juntamente com as partes. Os "passos analíticos" fundamentais que devem ser evidenciados são:

- *Posicionamento inicial* (POS): são as clássicas "questões de princípio", isto é, modos possíveis, mas rígidos de responder aos próprios interesses e necessidades, em geral contrapostos às questões de princípio da outra parte. Sobre os posicionamentos, com freqüência nos bloqueamos antes da tentativa de conciliação ou mediação (por exemplo: "quero um aumento de salário!", "quero sair de casa!"...).

- *As reais motivações* (MOT): não são as questões de princípio ou os posicionamentos do ponto anterior; ao contrário, muitas vezes servem de pano de fundo para estas. São as *reais necessidades*, as verdadeiras intenções do porquê de duas partes iniciarem um conflito e constituem os fundamentos sobre os quais se baseará a eventual solução da controvérsia (por exemplo: com o pedido do aumento de salário, recompensa do empenho profissional, pode se buscar um reconhecimento que poderia ser satisfeito também com benefícios; ou, ainda, o querer sair de casa manifesta uma necessidade de liberdade, que pode encontrar uma expressão também em outras modalidades).

- *Os referenciais* (REF): explicitar, portanto, os *interessados*, isto é, as pessoas ligadas de várias formas às partes e à controvérsia específica, que podem ter interesse ou estejam envolvidas na sua solução, condicionando eventualmente seu sucesso. Poderiam também ser, direta ou indiretamente, causa da controvérsia, se os seus interesses, ligados aos da parte envolvida, não são mais satisfeitos ou são ameaçados, ou ainda se prevêem riscos em relação à parte a qual estão ligados (por exemplo, familiares, colegas, amigos...).

- *As alternativas* (ALT): se não houver acordo, deixar claros os modos nos quais cada parte poderia (se puder) satisfazer os próprios interesses e necessidades na ausência de acordo com a outra parte, portanto, independentemente da vontade do outro, no limite também contra esta vontade; o terceiro, porém, deverá justamente refletir sobre os pontos fortes e fracos de cada um para encontrar satisfação fora do acordo com a outra parte. Porque a alternativa poderia não ser tão interessante (exemplo clássico: no caso de uma controvérsia com o próprio patrão, tentar um acordo ou mudar de trabalho).

- *As emoções* (EM): estar atento a toda a parte emocional, que diz respeito à relação pessoal entre as partes, que muitas vezes tende a se entrelaçar e se confundir com as questões objetivas em jogo. Tais aspectos geram todas aquelas incompreensões e situações psicológicas negativas (mal-entendidos, complexos, dissídios passados que reaparecem...), que alimentam o conflito, freqüentemente sem ligações diretas com o objeto do próprio conflito. É importante dar voz aos eventuais aspectos emotivos que geralmente aparecem, porque um desabafo construtivo permite uma solução mais fácil, sem a pretensão de resolver eventuais problemas de caráter psicológico mais profundo.

- *Os critérios compartilhados* (CRI): aquilo que é objetivo e compartilhado, porém externo ou vindo de alguma autoridade, facilmente reconhecível pela generalidade das pessoas envolvidas na controvérsia (inclusive os referenciais das partes) ou pertencentes ao seu contexto ou ambiente (praxes, costumes, leis e regulamentos, jurisprudência, regras de vida...).

- *A solução* (SOL): o acordo conseguido entre as partes com a ajuda do terceiro; para ser compartilhada e espontaneamente respeitada, deve satisfazer aos interesses ou às necessidades que estiveram na base do conflito.

PRIMEIRA PARTE
CONFLITO E ACORDO NAS FAMÍLIAS

Capítulo I

"Vou voltar para a casa da minha mãe!" (entre marido e mulher)

> Cada um dos elementos que evidenciam os "passos analíticos" está sublinhado e com os respectivos parênteses (depois é retomado sinteticamente no fim da história): *Posicionamentos* (pos); *As reais motivações* (mot); *Os referenciais* (ref); *As alternativas, se não houver acordo* (alt); *As emoções* (em); *Os critérios compartilhados* (cri); *A solução* (sol).
> A história, depois da descrição do conflito, é dividida normalmente em 5 fases, mas algumas podem faltar e outras ser repetidas. Portanto: *O conflito*; 1) *Para começar*; 2) *Aprofundamentos*; 3) *Pontos críticos*; 4) *Vamos aos finalmentes*; 5) *Façamos a paz*.
> As técnicas utilizadas estão em itálico.

O conflito

Marcos e Joana casaram-se há vinte anos. Ele profissional liberal e ela empregada na administração pública, têm dois filhos: Pedro de dezesseis anos e Estefânia de doze (REF). De caráter diferente, os dois cônjuges sempre tiveram opiniões contrastantes sobre tudo. Agora, porém, as tensões parecem ter atingido um ponto limite: não há aspecto da vida cotidiana que não represente para eles pretexto para a enésima briga. Até mesmo os filhos estão irritados pelo persistente clima de tensão que se respira em casa, tanto que quase chegam a pedir aos pais que se separem, esperando viver mais tranqüilamente.

Marcos, menos extrovertido e emotivo, parece mais propenso à separação, talvez temporária, mesmo que, no fundo, tema a solidão e o fato de ter que se organizar sozinho. Joana está decidida a manter a família unida, porque crê no sacramento do matrimônio; no entanto, percebe que não está vivendo um amor construtivo com Marcos, nem com os filhos.

Já que não conseguem levar adiante a vida em comum nem discutir civilizadamente sobre o que fazer, os dois cônjuges decidem dirigir-se à madrinha de casamento mais próxima: Marta, psicóloga e especialista em problemas de família. Marta aceita o pedido deles de mediação, mas deixa claro que vai agir como uma profissional, apesar do vínculo que os une.

1) Para começar

No primeiro encontro, depois de ter feito Marcos e Joana se acomodarem, Marta *se senta diante deles em posição eqüidistante*. Após *agradecer as partes pela disponibilidade*, convida cada um a *apresentar o próprio ponto de vista*, esforçando-se, durante a tentativa de mediação, em respeitar as regras fundamentais: *não interromper nem contestar o outro enquanto fala, mas procurar compreender o que o outro está dizendo*, evitando rebater o que fora falado pela outra parte, comportamento compreensivelmente espontâneo, mas inaceitável numa sessão de conciliação.

"Desde quando nos casamos você <u>está ausente e quando está presente não faz outra coisa senão me criticar</u> (POS), não suporto mais você! <u>Voltaria já para a casa da minha mãe</u> (POS) se não fossem os nossos filhos!", começa Joana, um tanto agitada. Marta intervém sublinhando que *é bom desafogar a própria emotividade, mas que é melhor seguir uma abordagem construtiva*, pelo menos enquanto participa do encontro de mediação, *evitando afirmações derrotistas ou críticas*. Joana retoma com tom um pouco mais relaxado: "Está bem, expressei-me assim porque realmente <u>não consigo mais viver com um marido que me contradiz em tudo</u> (EM) aquilo que...". Não consegue completar a frase, porque Marcos intervém, frio e impassível: "<u>Acho inconcebível</u> (pos-em) que minha mulher não tolere nos outros o comportamento que em geral ela tem comigo...". Joana se agita de novo e ameaça <u>abandonar o encontro</u> (pos).

Neste ponto, Marta *julga oportuno que a discussão de abertura sobre as respectivas posições seja feita em encontros separados.* E começa com Joana, *para lhe permitir desafogar a sua emotividade,* aparentemente mais viva que a de seu marido que, porém, poderia esconder emoções controladas pela racionalidade. Enquanto Marcos *se acomoda numa outra sala do consultório, equipada com televisão, revistas e livros à disposição,* Marta e Joana começam o encontro.

2) Aprofundamentos

Com Joana

Marta *convida Joana a expressar as suas emoções* na ausência do marido em um ambiente protegido, para evitar reações por parte dele, mas também para se desafogar e enfrentar mais tranqüilamente a mediação.

Joana começa a chorar; depois, mais calma, retoma: "Como já disse, a nossa vida matrimonial foi cheia de tensões, e eu <u>estou cansada e estressada</u> (em), apesar de ainda acreditar no sacramento do matrimônio. De fato, se eu e meu marido não conseguimos entrar num acordo, creio que <u>continuarei a suportar a situação</u>... (ALT), também pelo bem dos <u>meus filhos</u> (REF)".

Marta *observa que ela agora está seguindo um caminho construtivo*: Joana, de fato, expressa as suas necessidades e interesses fundamentais, representados pela <u>tranqüilidade que quer recuperar</u> (MOT) na própria vida, pela necessidade de <u>ser coerente com a própria fé</u> (MOT) e pela importância fundamental do <u>bem-estar dos filhos</u> (MOT e REF) – que são os referenciais principais que devem ser levados em consideração em toda crise conjugal. *Convida-a, portanto, a aprofundar a reflexão e a tentar descobrir* se as incompreensões com o marido são relativas a determinadas situações presentes ou ainda se referem, em geral, a toda a vida passada.

Joana retoma: "É uma questão que começou antes de nos casarmos, mas parecia administrável até que, passadas as necessidades dos primeiros anos da vida matrimonial e as exigências dos filhos, as nossas divergências predominaram. Agora a situação se tornou realmente insustentável. Eu, porém, gostaria de <u>manter a família unida por causa da minha fé e dos meus filhos</u> (MOT)". Marta *reformula o que* Joana *acabara de dizer*, sublinhando que a fé e os filhos são duas necessidades fundamentais que ela precisa satisfazer para viver tranqüila, também estabelecendo um relacionamento correto com o marido, cuja figura é dividida pelo momento de crise, que pode ser superada chegando a uma boa harmonia familiar.

A abordagem certa para conseguir uma possível solução, de fato, é *separar a pessoa do problema* (no caso particular, o marido representa a pessoa, e o problema é representado pela vida familiar). Com a pessoa se procura estabelecer um relacionamento correto, enquanto o problema será enfrentado nos seus termos objetivos, tendo presentes as necessidades fundamentais que cada um deve respeitar na própria vida. Tais necessidades não se identificam com as tomadas de posição (por exemplo, sair de casa ou mandar embora o esposo): estes seriam modos, quando muito, diversos, extremos, de responder ao mesmo problema – o de uma vida familiar que se pretenderia justamente tranqüila e equilibrada.

Com Marcos

Joana e Marcos fazem, portanto, a troca; enquanto a mulher vai à *sala equipada com televisão e material para ler*, Marcos se encontra com Marta. Sem nenhuma emoção, começa: "Eu me senti muito mal enquanto você estava aqui falando com minha mulher em particular. Pareceu-me um tempo interminável e não fazia outra coisa senão formular conjecturas sobre as possíveis acusações que ela estaria fazendo contra mim, com a possibilidade de influenciar o seu juízo sobre a desavença...".

Marta *deixa que também Marcos desabafe a sua emotividade*, que se expressa sempre de maneira muito controlada, mas que revela um mundo de <u>emoções e sentimentos apenas ocultos sob a aparente frieza</u> (EM). Portanto – como disse na abertura e como havia claramente explicado no folheto que detalha os serviços oferecidos pelo consultório –, reforça que os encontros individuais são parte integrante da mediação e servem freqüentemente para evitar ou para superar os choques causados ao ver diante de si a pessoa que se pensa ser a causa dos próprios sofrimentos. Os *encontros em separado com o mediador permitem que cada um exponha livre e tranqüilamente as próprias razões*, evitando exasperar o outro e fazer-se interromper ou contradizer, e possibilitando ao profissional compreender todos os elementos do problema e proporcionar a melhor solução possível para ambos. O mediador não tem a faculdade de julgar as partes e, por isso, não há perigo de ser influenciado. A duração dos encontros individuais pode variar conforme o momento e a pessoa. Ficar mais tempo com uma das partes não significa necessariamente dar-lhe preferência ou ser condicionado pelo seu modo de ver as coisas: pode simplesmente significar que as razões daquela pessoa não surgem claramente ou devem ser aprofundadas para não gerar equívocos. Além disso, acrescenta Marta, é preciso considerar que, quem espera fora, pode ter uma percepção alongada do tempo que o outro passa com o mediador, justamente porque está só e envolvido pelos pensamentos mais disparatados. Com certeza, *o conteúdo dos encontros reservados deve permanecer secreto*, a menos que a própria pessoa peça ao facilitador referir alguma coisa à outra parte, evitando o embaraço de fazê-lo.

Marcos parece convencido e retoma com mais tranqüilidade a sua exposição dos fatos. "Joana sabia muito bem, e desde o começo, que <u>não sou um tipo sentimental</u> (EM), não creio em Deus e creio muito pouco nos homens, <u>sou cético e encontro sempre aspectos detestáveis no comportamento dos meus semelhantes</u> (EM). Sinto satisfação no meu trabalho de biólogo, dentro de um laboratório onde as coisas funcionam quase matematicamente e onde estou defendido contra a ambivalência e a não-confiabilidade das emoções humanas. <u>O trabalho é a coisa mais importante da minha vida... além dos filhos, naturalmente</u> (MOT e REF)", apressa-se em precisar, temendo talvez ser julgado muito severamente por Marta. Com efeito, ela nota a prioridade que Marcos dá ao trabalho (colocando em segundo plano todo o resto, limitando-se a lembrar dos filhos, mas quase por dever de paternidade) e reformula, observando os interesses dele: <u>a satisfação profissional</u> (mot) e o <u>bem dos filhos</u> (mot e ref).

Marcos prossegue: "<u>Não suporto</u> (em) que minha mulher faça tanto alarde por eu não expressar os meus sentimentos. Repito: não mudou nada no meu comportamento, era assim também quando éramos noivos, mas então ou ela não via ou até a fascinava este meu modo de ser tão evidente em comparação com os seus outros pretendentes! Depois, ela me acusa de ser ausente na educação dos filhos e na administração da casa; mas como poderia fazê-lo, com um trabalho que me ocupa freqüentemente até nos fins de semana e que não conhece horários, já que se trata de uma profissão liberal? Joana tem meio expediente de trabalho no escritório, mas todo o resto do tempo à disposição dos filhos e da casa! Finalmente, me diz que sou crítico sobre tudo e sobre todos: supondo e não admitindo que isto seja verdade, diga-me, você, como posso irritá-la tanto se passamos pouquíssimo tempo juntos...".

Marta *mostra compreensão, mas precisamos entender que isto não significa concordar.* De fato, compreende que, para um técnico profissional como ele, é importante dispor de tempo para os seus experimentos e de calma indispensável para a concentração. Todavia, *procura fazer que Marcos se coloque no lugar da mulher,* que administra sozinha a família e, além do mais, está ferida pelas críticas que ele lhe dirige quando está em casa, naqueles "tempos reduzidos" que poderiam servir como bálsamo para ela e que, ao contrário, terminam "colocando mais lenha na fogueira".

Marcos compreende o ponto de vista que a mediadora procura expor-lhe e prossegue, com calma e maior confiança: "Então, <u>não há outra solução senão a separação</u> (POS); é o que procuro fazer minha mulher compreender há muito tempo. Erramos os dois, é inútil continuar fazendo-nos mal, envolvendo também os nossos filhos: <u>vamos dar um basta uma vez por todas!</u> (POS). Eu preciso <u>readquirir minha tranqüilidade</u> (MOT) perdida, e temo que o meu trabalho possa ser afetado com isso, como conseqüência de um equilíbrio interior alterado...". *Marta retoma o que Marcos disse*, perguntando e obtendo a confirmação de que o seu interesse principal é o de poder continuar a se dedicar à ciência, com a garantia de crescimento tranqüilo e equilibrado dos filhos, principais referenciais que devem ser levados em conta nesta contenda.

Antes do reencontro do casal, Marta pergunta a Marcos se ele tem <u>intenção de seguir as vias legais</u> (ALT) no caso de faltar uma solução para o problema através da mediação. "Eu o faria sem pensar muito", respondeu, "na verdade, já procurei meu advogado para avaliar como a coisa pode ser resolvida do modo mais rápido e indolor possível". Portanto, para ter um quadro mais completo do mundo emotivo de Marcos e para sondar a profundidade de uma suposição própria, Marta lhe pergunta – fingindo não dar muito importância à questão – que tipo de relação tivera com os seus pais. Marcos, retornando frio e impassível, responde com uma sombra de tristeza nos olhos: "<u>Os meus pais morreram quando eu ainda era pequeno, cresci no colégio e minha infância foi triste</u> (MOT). Tudo o que consegui construir foi ganho 'com lágrimas e sangue'!".

Marta, embora permaneça *aberta para acolher um desabafo emotivo*, não o estimula mais porque a mediação, mesmo conduzida por uma psicóloga, não equivale a uma psicoterapia e as expressões emotivas não podem ser incentivadas além de certo limite, isto é, enquanto servem para criar luz com o fim de conduzir as partes a uma solução satisfatória. No caso particular, o que foi expresso por Marcos esclarece que o seu modo de <u>ser frio e impassível</u> (EM) não depende somente de uma aversão em relação à mulher, mas também de uma <u>atitude defensiva</u> (EM) que desde pequeno precisou desenvolver para compensar a perda dos pais e crescer num ambiente certamente não favorável à expressão das emoções. Por isso, encontrou satisfação somente em âmbitos técnicos que não podem decepcionar ou abandonar, como fazem os seres humanos.

3) Pontos críticos
(entre marido e mulher)

Marta *convida ambos os cônjuges a refletir sobre o que fazer*, à luz de tudo o que surgiu nos encontros individuais, e a se encontrar novamente numa sessão conjunta. O *novo encontro deverá se basear nos interesses comuns do casal* que, neste caso, funcionam também como critério de base para a solução: <u>uma maior tranqüilidade</u> (MOT e CRI) e fazer que <u>os filhos sofram o menos possível e possam crescer numa atmosfera mais sadia e construtiva</u> (MOT e CRI).

Depois de haver em parte aliviado a raiva e os sentimentos reprimidos, marido e mulher estão agora em condições de enfrentar mais tranqüilamente a tentativa de mediação, tendo adquirido a confiança necessária na mediadora, que poderá conduzi-los à solução do melhor modo e no tempo mais breve possível. Solução que, de alguma forma, não será Marta quem vai dar, mas serão eles mesmos que deverão conseguir, no caso de o processo ter um final feliz.

No novo encontro conjunto, parece que nenhum dos dois consegue continuar: Joana sente pela primeira vez ter chegado ao limite, mesmo não querendo trair o sacramento do matrimônio; Marcos teve contato com um velho sofrimento, que condicionou o seu comportamento como adulto. Curiosamente, logo que superou o bloqueio inicial, Joana parece ter transformado a exasperação do encontro anterior <u>numa atitude quase atrevida, e faz uma série de pedidos rígidos e não negociáveis</u> (EM): "Quero que Marcos saia o mais depressa possível de casa e volte quando tiver decidido dedicar mais tempo e mais atenção a mim e aos filhos e não somente criticar. Por agora, quero que se responsabilize pela manutenção dos garotos, que ficam comigo, além de uma parte das despesas da casa...". Marcos <u>não esconde um movimento de cólera e de pânico ao mesmo tempo</u> (EM), e, por isso, Marta intervém para *propor novamente os encontros separados.*

4) Vamos aos finalmentes e
5) Façamos a paz

Marta compreende que Joana corria o risco de mostrar-se rígida e desesperada, como por compensação. Por isso, *reformula o que ela havia afirmado um pouco antes*: se realmente quer ser tão drástica e rígida, se realmente quer correr o risco de romper os laços matrimoniais com uma série de pedidos excessivos, fazendo justamente o contrário daquilo que o sacramento do amor, que ela vivera por Marcos até agora, comporta. Se realmente deve terminar assim, é humano e cristão *fazer pedidos realistas*. Mas Joana sente realmente que deve tratar assim seu marido, que corre o risco de ficar sozinho, como quando era criança? Não quer, ao contrário, *mostrar compreensão, que não significa aceitar*, mas que pode levar a milagres de disponibilidade? Marta, além disso, a *convida a refletir com base nos seus interesses conjuntos surgidos*, especialmente em relação aos filhos, que claramente poderiam sofrer com o afastamento do pai...

Joana volta a chorar, admitindo que fora dura por causa da desilusão experimentada: o seu desejo mais profundo é permanecer com Marcos, apesar de todos os defeitos. Crê firmemente no valor do sacramento do matrimônio, mesmo quando este comporta sacrifícios: afinal Jesus certamente não prometeu "descontos" a quem vive coerentemente as próprias escolhas, como ele mesmo demonstrou ao terminar numa cruz, através da qual ressuscitou e levou a todos a luz da salvação.

Marta, neste ponto, deixa Joana sozinha para que reflita e reze com toda a tranqüilidade, dada a intensidade do momento. E encontra-se de novo com Marcos, que admite com toda sinceridade ter-se sentido perdido diante da perspectiva concreta de permanecer novamente sozinho. Ele pensa que compreendeu de repente, apesar de sua aparente frieza, por defesa mais que outra coisa, que não quer se afastar da mulher e dos filhos que ama, e está disposto, por isso, a se empenhar numa disponibilidade e abertura novas.

Chegou o momento de "fazer a paz", e Marta se vê novamente testemunhando o renovado pacto matrimonial que liga Joana e Marcos. Neste caso, a renovação da promessa de estarem unidos nos momentos bons e ruins tem um tom especial, justamente porque vem de um momento de dificuldade e incompreensão. Mas também um conflito tão delicado, se analisado com honestidade e abertura do coração, na avaliação de todas as alternativas concretas, pode levar a uma reconciliação muito intensa.

Marta se declara comovida e feliz de ter estado novamente com eles, e por eles, num momento tão exigente, mas também tão fecundo da sua união.

Síntese

O conflito

Incompatibilidade entre o marido, apegado ao trabalho e aparentemente frio e superficial em relação à vida do casal e da família, e a mulher que, ao contrário, é muito envolvida. Ambos são ligados aos filhos.

Os passos aconselhados
(sublinhado no corpo da história)

	JOANA	MARCOS
POSICIONAMENTO	Marido ausente e crítico. "Voltarei para a casa da minha mãe!" "Abandono o encontro!"	"Sou cínico e crítico." "Não sou um sentimental." "Vamos terminar. Vamos nos separar!"
MOTIVAÇÕES (AS REAIS NECESSIDADES)	Reencontrar a tranqüilidade. Bem-estar dos filhos. Coerência com a própria fé.	Reencontrar a tranqüilidade. Bem-estar dos filhos. Exigências profissionais.
REFERENCIAIS (OS INTERESSADOS)	Os filhos, ela mesma.	Os filhos, ele mesmo.
ALTERNATIVAS (SE NÃO HOUVER ACORDO)	Continuar a suportar.	Adotar as vias legais.
EMOÇÕES	Exasperada, depois rígida; finalmente condescendente.	Aborrecido, ausência de emoções; passado triste, pânico.
CRITÉRIOS COMPARTILHADOS	Tranqüilidade, bem-estar dos filhos.	
A SOLUÇÃO	Reconciliação e renovação do pacto matrimonial.	

As técnicas utilizadas pelo terceiro
(em itálico no corpo da história)

1) Para começar (na fase inicial do processo):

- ✦ Sentar-se diante das partes, em posição eqüidistante.

- Agradecer e elogiar a disponibilidade das partes ao encontro (também em 4).
- Propor a cada um apresentar o próprio ponto de vista, sem interrupções da outra parte.
- Convidar a não contestar aquilo que o outro diz, mas procurar entender.

2) Aprofundamentos (com cada parte ou sobre cada assunto):

- Realizar encontros separados para saber as razões e as emoções das partes.
- Deixar à vontade a parte que não está sentada com o mediador para o encontro.
- Convidar a aprofundar interesses e necessidades que se escondem atrás das posições tomadas.
- Separar as pessoas do problema (também em 3).

3) Pontos críticos (aos quais se deve dar atenção especial):

- Sublinhar a oportunidade de desabafar a emotividade, para uma abordagem construtiva (também em 1).
- Sugerir a conveniência de evitar afirmações críticas ou derrotistas (também em 1 e 2).
- Elogiar quando as partes seguem uma abordagem construtiva (também em 1 e 2).

- Fazer com que um se coloque no lugar do outro (também em 2).

4) Vamos aos finalmentes (concretizar as soluções possíveis):

- Sondar o fundamento das afirmações.
- Reformular e retomar o que é afirmado pelas partes (também em 1 e 2).
- Mostrar compreensão, que não significa compartilhar as opiniões (também em 2).
- Convidar a refletir com base nos interesses comuns surgidos (também em 2).
- Sugerir a conveniência de se evitar pedidos rígidos e pouco realistas, como no tribunal (também em 2).
- Encorajar pedidos realistas (também em 2).

Capítulo II

"Você não entende mesmo nada!" (entre pai e filho)

> Cada um dos elementos que evidenciam os "passos analíticos" está sublinhado e com os respectivos parênteses (depois é retomado sinteticamente no fim da história): *Posicionamentos* (POS); *As reais motivações* (MOT); *Os referenciais* (REF); *As alternativas*, se não houver acordo (ALT); *As emoções* (EM); *Os critérios compartilhados* (CRI); *A solução* (SOL).
> A história, depois da descrição do conflito, é dividida normalmente em 5 fases, mas algumas podem faltar e outras ser repetidas. Portanto: *O conflito*; 1) *Para começar*; 2) *Aprofundamentos*; 3) *Pontos críticos*; 4) *Vamos aos finalmentes*; 5) *Façamos a paz*.
> As técnicas utilizadas estão em itálico.

O conflito

Carlos é um empresário de trinta anos, último filho de José, próximo dos setenta anos, e de Francisca, com sessenta anos. Há algum tempo Carlos – casado há três anos com Sara e ainda sem filhos – não concorda com os pais sobre o que deve ser feito com a casa que eles possuem no interior e os diversos hectares do terreno, inclusive um laguinho.

Carlos é empresário no setor de turismo, tem uma agência de serviços na cidade – onde mora com a mulher e com os pais – e queria transformar a propriedade em agroturismo, aproveitando as oportunidades de alguns financiamentos estatais próximos do vencimento. Os pais, ao contrário, especialmente o pai, queriam conservar a casa para a própria velhice, para passar lá períodos de férias, talvez sem se afastar totalmente da cidade onde sempre moraram.

Há algum tempo discutem a questão em casa, questão essa que parece ter mergulhado numa espécie de bloqueio entre as duas partes. Cada uma das partes tomou a sua posição, que defende acirradamente sem considerar as razões da outra parte, muito menos perguntando se existem outros modos para responder aos interesses e às necessidades subjacentes à tomada de posição do outro. "Você é um Matusalém, <u>não entende a oportunidade que estamos perdendo</u> (POS) em não aproveitarmos aqueles fundos para instalar o agroturismo", repete Carlos, constantemente contrariado pelo pai: "<u>É você que não entende nada: aquela é a casa dos meus avós e não quero que ninguém entre lá. Não posso sempre contentá-lo!</u> (POS)".

Cada um está gastando muito tempo para que o outro se dobre à própria proposta, procurando impor a sua vontade e obrigar a outra parte a mudar de posição. O pai permanece irredutível em <u>querer decidir o que fazer de sua propriedade exclusiva</u> (POS-MOT); Carlos <u>ameaça freqüentemente fechar o próprio negócio</u> (POS), que lhe dá satisfação, mas também muitas preocupações, <u>principalmente em relação aos dependentes da agência</u> (REF) que vivem com apreensão o difícil momento. Diz, até, que poderia, numa última hipótese, fechar tudo e <u>ir morar com a mulher numa aldeia turística das Canárias</u> (POS-MOT), onde ele poderia ser gerente do hotel e ela se dedicar à criação de peixes, pelos quais é uma apaixonada. Agindo assim, porém, Carlos deixaria os pais sozinhos, já que os outros filhos vivem em cidades distantes.

É como se Carlos, portanto, fizesse o futuro da sua profissão depender exclusivamente da transformação da casa em agroturismo, fechando-se, aos olhos de José, para qualquer outra possibilidade, tanto em relação à casa como ao trabalho. Para Carlos, ao contrário, o pai <u>não quer reconsiderar aquilo que sempre disse sobre a memória dos avós</u> (POS), atrás do que se escondeu para defender a própria posição. Além disso, nenhum dos dois dedica tempo e energia em identificar, clara e honestamente, as preocupações que são o verdadeiro motivo das posições tomadas: Carlos vive um momento problemático, <u>tanto financeiro</u> (em) <u>como com a mulher Sara</u> (ref), por causa da dificuldade em ter um filho; José começa a <u>ter medo dos problemas devidos à idade avançada e às suas complicações de saúde</u> (em), que poderiam ser irreversíveis.

<u>Francisca</u> (ref), mulher de José e mãe de Carlos, triste pela discórdia, ficou sabendo que o padrinho de crisma de Carlos, o doutor Monteiro, trabalha num centro que presta serviços de conciliação e mediação em controvérsias de diversos tipos, tanto no âmbito empresarial como no familiar e social. Propõe, então, ao marido e ao filho, suave, mas decididamente, dirigirem-se àquela sociedade, e estes contatam Monteiro – que não vêem desde os tempos da crisma de Carlos – para uma tentativa de conciliação entre eles. Monteiro ficou muito feliz de fazê-lo, mas sugere marcar um encontro profissional, como com outros clientes do centro: de fato, para poder ser produtivo, a tentativa de mediação deve ter caráter oficial.

1) Para começar

Carlos e José, ao chegarem ao centro, são introduzidos pela secretária na sala em que se desenvolvem as tentativas de conciliação. O doutor Monteiro os encontra sentados um diante do outro, de lados opostos da mesa, e os faz *sentarem-se um ao lado do outro, de um lado da mesa, enquanto ele se senta do outro lado, diante deles*. Nesta disposição, explica, é mais fácil quebrar a espiral controversa, porque assim as duas partes se vêem como "atores" num processo de solução do problema que está diante deles, e não como "problemas", em atitude de contraposição total, com ansiedade de vencer e de fazer o outro perder.

Explicando o seu papel de facilitador na solução da questão controversa, o doutor Monteiro enumera os quatro passos fundamentais que normalmente segue na sua atividade:

+ Antes de tudo, é oportuno que as partes, desde as primeiras conversas e propostas, *evitem as acusações recíprocas, como também evitem interromper o outro, porque a finalidade do processo é o acordo* e sentenciar quem está errado e quem tem razão.

+ Em segundo lugar, cada parte será convidada a *concentrar-se nos interesses e nas necessidades em causa*, e não falar sobre as posições tomadas, que são apenas uma das maneiras possíveis de resolver a questão, mas não necessariamente a melhor para satisfazer aqueles interesses e aquelas necessidades, além de *aprofundar aspectos emocionais que inevitavelmente entrarão em jogo*.

- Além disso, será preciso *prestar atenção nos pontos críticos* que poderão surgir, como a possível sobreposição entre questão subjetiva da relação entre as partes e questão objetiva do problema. E que ambos, é claro, resolvam como sócios e não como inimigos, além de esclarecer possíveis problemas de comunicação.

- Neste ponto, as partes estarão prontas para *gerar uma gama de possíveis modos de satisfazer* aqueles interesses e aquelas necessidades antes de decidir qual será a melhor solução, à luz de algum *critério válido objetivamente*, a fim de que o acordo que for feito esteja isento de reconsiderações ou de possíveis críticas.

2) Aprofundamentos (sobre as emoções)

Antes de passar às questões objetivas, que já conhece pelo que lhe foi contado, o doutor Monteiro sugere a cada parte separar as incompreensões pessoais do problema objetivo. Ao dar, portanto, a palavra a José, ele recorda a ambos como é oportuno *considerar as emoções e as percepções de cada um*, que podem ser muito diferentes, não somente no sentido absoluto da questão em si, mas também relativo aos problemas individuais; e sem deixar de considerar ainda as dificuldades de comunicação.

José começa: "Carlos é o último dos meus três filhos, nascido com dez anos de diferença do anterior, quase inesperadamente, porque minha mulher, por um problema de saúde, pensava que não poderia mais engravidar. Imagine, portanto, qual foi a nossa felicidade quando ficou grávida e conseguiu chegar ao fim da gravidez! Admito que <u>fomos mais indulgentes com Carlos</u> (EM) em relação aos irmãos, mas <u>também é preciso dizer não</u> (EM). Desde que ele colocou na cabeça essa idéia do agroturismo, tornou-se intratável, e quase faz com que me arrependa sobre a maior disponibilidade que tivemos com ele. <u>A sua ingratidão me irrita!</u> (EM)".

O doutor Monteiro *com um toque contém o movimento de impaciência de Carlos e se dirige ainda ao pai, mas sempre olhando também para o filho*, evitando assim um colóquio a dois do qual o outro poderia sentir-se excluído. Reformula, portanto, o que foi dito por José sublinhando a necessidade de maior atenção, se não propriamente de reconhecimento, do filho para com os pais.

"Além disso", conclui José, "<u>ameaça ir para as Canárias se não concordarmos com esse projeto</u> (POS). Com os outros filhos já no exterior, imagine como nos sentimos, eu e minha mulher; mas eu <u>não cedo às chantagens</u> (EM)". O doutor Monteiro intervém esclarecendo como nisto transparece também o <u>medo de ser deixado sozinho na velhice</u> (EM), o que incide sobre a situação.

Neste ponto, a palavra é passada para Carlos: "<u>Não sinto que sou um ingrato</u> (EM), é mais meu pai que constrói uma barreira contra um projeto que até valorizaria a nossa casa e daria um forte impulso na minha profissão. Por que, então? Em nome dos avós que morreram há anos e de utilizar a casa por alguns dias do ano? É verdade que vocês sempre foram indulgentes comigo, mas isto não é um capricho: <u>é uma necessidade</u> (MOT) para mim, para minha atividade e para a minha família. Isto, <u>meu pai não quer entender!</u> (POS)".

Considerada a relação afetiva entre os dois, o doutor Monteiro *sugere que cada um se coloque no lugar do outro.* Aconselha José a lembrar que provavelmente o filho, no passado, sempre considerou o seu consentimento. Agora a questão é mais importante e envolve muitos aspectos, mas não está dito que não possa ser resolvida. Também porque, no momento atual, mudar-se para as Canárias poderia não ser considerada uma chantagem por parte do filho, mas uma real oportunidade para ele, uma alternativa para sua atividade que não está gerando os resultados esperados. Sugere a Carlos que expresse maior afeto e gratidão para com o pai, que, embora tenha exigências que não correspondem imediatamente às suas, poderiam sintonizar-se com suas necessidades, e o pai poderia mudar a sua posição se o problema fosse colocado de outra forma.

3) Pontos críticos (sobre questões objetivas)

Em relação ao problema, o mediador propõe a Carlos e a José que *se vejam como colegas que enfrentam o problema*, para chegar a um bom resultado amigável e eficazmente. Encarar o problema de outra forma é, por assim dizer, *mudar as regras do jogo*, partindo das causas, isto é, dos interesses e das necessidades que cada um quer satisfazer e que de incompatíveis podem tornar-se compatíveis, se não até coincidentes, em certos casos. Convida, portanto, os dois *a esclarecerem os interesses e as necessidades que estão por trás das posições* que tomaram.

José começa: "Para mim, a exigência é <u>estar tranqüilo</u> (MOT): meu coração está ficando velho e está me dando alguns problemas. <u>Não quero ter desavenças com minha mulher ou com meus filhos</u> (POS-MOT), especialmente no que diz respeito à casa, que está ligada também à <u>memória dos meus avós</u> (POS-MOT). Quero estar tranqüilo com a minha consciência e não quero pôr à venda os seus bens como se fosse uma casa qualquer". Carlos não concorda: "Você não está defendendo o seu coração com as mesmas energias que coloca contra o meu projeto!". O doutor Monteiro sugere *evitar o "bate-pronto"*, ou seja, *retrucar interrompendo a outra parte*, especialmente quando se trata de acusações ou sarcasmo que correm o risco de tornar ainda mais difícil a discussão, afastando assim a possibilidade de uma solução satisfatória para ambos.

Carlos, então, retoma a palavra expondo os seus interesses, aqueles que o motivaram a assumir a sua posição: "O problema é que <u>a minha atividade não está bem como deveria</u> (EM), não está produzindo retorno suficiente para as pessoas que nela trabalham, e eu me sinto <u>frustrado nas perspectivas de sucesso profissional</u> (EM) que compreensivelmente tinha antes. Contraí dívidas para a abertura da sede da agência, que me custa uma fortuna e que, pela sua posição estratégica, não posso mudar. Mas as margens de lucro estão mais baixas que as previstas por causa dos grandes descontos que é preciso dar para manter a concorrência com as grandes operadoras de turismo, que oferecem pacotes a preços muito baixos". O conciliador o convida a prosseguir. "Neste contexto, devo <u>ter lucro de qualquer maneira</u> (MOT), mas não tenho dinheiro para fazer outros investimentos, nem posso me endividar ainda mais. A única possibilidade que tenho é a de tornar rentável um bem que já temos na família, ainda mais que, para iniciar essa nova atividade, seria possível aproveitar alguns financiamentos estatais para o turismo, em parte a fundo perdido, em parte para ser restituído posteriormente e sem juros.

Se esse projeto não puder ser realizado, a alternativa seria a de vender tudo, cobrindo as dívidas com a venda, e aceitar a proposta de dirigir um hotel numa aldeia turística nas Canárias (MOT). Além do mais, minha mulher estaria mais feliz, seja pelo lugar, seja pelo trabalho, também porque começa a sentir a falta de filhos (REF)... Os meus pais sabem o que é isso, já que, mesmo tendo filhos antes, correram o risco de não poder ter outros...".

O doutor Monteiro *reformula resumidamente* aquilo que foi dito por Carlos, sem salientar a questão da esposa e das dificuldades em ter filhos, e evidenciando, ao contrário, a necessidade de Carlos de continuar a atividade começada, atualmente em baixa, sem gasto de dinheiro. Aconselha Carlos, em todo caso, a não *estabelecer um obstáculo intransponível*, porque os empregados estão sendo pagos e as dívidas honradas nos vencimentos previstos. Além do mais, não está claro que a única alternativa para o agroturismo, realizado com a casa de campo da família, seja ir para as Canárias.

4) Vamos aos finalmentes

A essa altura, o doutor Monteiro sugere a pai e filho que tentem *criar soluções possíveis*, mesmo não praticáveis no momento, para satisfazer os interesses e as necessidades de ambos, superando os próprios bloqueios, exercitar a criatividade e considerar o ponto de vista do outro.

Carlos começa. Ele lembra ter feito esse "jogo" de *brainstorming*, de produção de idéias criativas, mesmo um pouco impraticáveis, num curso de formação gerencial. Propõe, quase alegre: "Também os meus pais poderiam ir às Canárias, assim todos teremos a tranqüilidade afetiva e deixaremos a casa de campo como está. Além disso, eu poderia fechar o negócio que tenho aqui e aceitar aquela alternativa que satisfaz também as exigências de minha mulher e a sua paixão pela piscicultura". Mas José intervém criticamente na proposta do filho: "Você acredita que eu e sua mãe deixaremos a cidade para ir às Canárias?... Embora estar perto do mar não me seja tão desagradável...".

O doutor Monteiro destaca que o *brainstorming não é o momento para considerar os prós e os contras de cada proposta*: por agora, devem ser geradas idéias, o maior número possível, para depois filtrar as mais promissoras e julgar as suas viabilidades e a coerência com os interesses e as necessidades que deveriam satisfazer, fazendo em seguida uma classificação das possíveis soluções e escolhendo uma para executar.

José, então, retoma: "Bem, parece-me um pouco perda de tempo, mas vou procurar dar a minha contribuição da mesma forma: meu filho poderia ir trabalhar num hotel no centro do país, talvez cedendo o seu negócio ou alugando a agência. Certamente não faltam hotéis na nossa nação, que é uma das mais turísticas do mundo: deve acabar justo nas Canárias?".

O doutor Monteiro o incentiva a *continuar gerando idéias*, sem especificar outra coisa senão a idéia na sua essência e a correspondência com os interesses e as necessidades que ela poderia satisfazer.

Carlos continua: "Poderia procurar entre os meus amigos e conhecidos quem tivesse uma propriedade rústica com terra suficiente para fazer um agroturismo, e criar uma sociedade, usufruindo depois dos financiamentos estatais para iniciar as atividades, dado que se fala também da reestruturação dos locais a fundo perdido...".

"Então, por que você não restaura aquela casa antiga que tem no terreno da nossa casa, em vez de insistir sobre outra?", intervém José. O doutor Monteiro, embora ressalte que a alusão não está na linha da simples geração de possíveis opções, *considera interessante trabalhar essa idéia, se for viável*. "Tinha também pensado nisso" afirma Carlos, "mas os trabalhos de sistematização correm o risco de ser longos; por isso descartei a idéia; podemos, no entanto, discutir a respeito...".

O doutor Monteiro sugere *observar a hipótese* da casa a ser restaurada *à luz dos interesses* que as partes evidenciaram como fundamentais, e que são o filtro que todo conciliador deve usar para medir a oportunidade da solução. Solução que é depois confrontada com os critérios e padrões objetivos que, nesse caso, podem ser *representados por um orçamento de despesas para a restauração das ruínas* (CRI) e pela comparação desses trabalhos de reestruturação com as determinações da Constituição brasileira (CRI).

Esta opção parece satisfazer o interesse dos pais em conservar a casa de campo, portanto, sem conflitos familiares para ninguém nem de consciência para José (MOT). Se fosse superável o problema do tempo de restauração da casa, Carlos poderia ter o tão desejado agroturismo que, espera-se, dê impulso à sua atividade empresarial (MOT), sem descontentar os pais, utilizando de alguma forma os bens da família e evitando posteriores endividamentos (MOT). Por outro lado, a atividade poderia ser inicialmente administrada pela própria família, envolvendo também Sara (REF) num trabalho certamente mais dinâmico.

Os interesses e as necessidades principais de Carlos e de José seriam, portanto, satisfeitos, e evitadas as alternativas que cada um poderia seguir na falta de um acordo: distanciamento total de José para evitar problemas e a partida de Carlos para as Canárias... Alternativas que, se de um lado poderiam satisfazer os interesses individuais, descontentariam certamente o outro, tanto que representaria uma ameaça à continuação do relacionamento afetivo. A questão da relação subjetiva e emocional entre pai e filho seria de alguma forma resolvida, porque os maus humores e desavenças estão principalmente ligados a este acontecimento.

Com o assentimento básico de José e de Carlos sobre esta hipótese de solução, se passa, portanto, a examinar o segundo problema, que é representado pela questão tempo, porque se os trabalhos de restauração durassem muito, se correria o risco de prejudicar o benefício do qual Carlos tinha necessidade urgente. José, então, manifesta ao filho uma disponibilidade inesperada: "Poderia dar-lhe uma ajuda econômica durante o período da restauração, para ajudá-lo a superar este momento difícil com a agência de turismo, com um compromisso seu de me restituir essa importância se eu não conseguir dar o mesmo para os seus irmãos. E você poderia providenciar alguma atividade também para sua mãe e para mim!". "Eu lhe agradeço pela disponibilidade... não acreditava que podia esperar tanto", responde Carlos, alegre. "Certamente você poderia fazer alguma coisa no novo negócio, como aquelas conservas de frutas ou os doces que mamãe faz tão bem..."

O doutor Monteiro intervém, sugerindo também uma idéia: <u>a possível utilização da casa de campo dos avós como ponto de apoio logístico</u> (SOL) até terminar a restauração da outra casa. Além disso, por igualdade de tratamento, aconselha a criação de uma sociedade (SOL) na qual sejam envolvidos os outros irmãos, mesmo como simples participantes nos lucros, uma vez que não poderiam trabalhar fisicamente.

5) Façamos a paz

No último encontro, José e Carlos mostram-se completamente mudados: não são mais antagonistas, mas sócios que estão solidificando a mesma empresa. Estão presentes também as respectivas esposas, que parecem muito alegres em participar da iniciativa. Controlados o <u>orçamento para a restauração</u> (CRI) e a <u>norma relativa aos financiamentos</u> (CRI), documentos que eles trouxeram, a hipótese feita parece viável porque os parâmetros correspondem. Passa-se, portanto, à assinatura do acordo.

O doutor Monteiro pergunta se há necessidade de esclarecer outros elementos não surgidos durante o primeiro encontro. José toma a palavra dirigindo-se ao conciliador: "Perguntei-me como fora tão simples chegar a um acordo com meu filho aqui com você, enquanto entre nós quase não nos falávamos mais...". "É que você não podia contradizer muito o doutor Monteiro, como havia feito comigo", interveio afetuosamente Carlos. "Você precisou depor as armas, como um sábio guerreiro, ou então teria levado a pior...".

Ironias à parte, o conciliador explica que em uma controvérsia, os dois lados poderiam muito bem chegar a um acordo sozinhos. O problema é, talvez, a falta do necessário desapego e a ausência de uma terceira figura que, longe de decidir por eles, os ajuda a esclarecer os motivos pelos quais brigam, e a fazer com que as soluções encontradas respondam diretamente àqueles motivos, e não a questões de caprichos. Além disso, o terceiro pode ajudar a comunicação também em situações de tensão, nas quais as partes, sozinhas, correm o risco de encerrar a conversa.

São retomados, então, os pontos do acordo resolutivo. Carlos e José chegam a um consenso sobre a <u>criação de uma sociedade</u> (SOL) entre todos os membros da família, inclusive os irmãos que vivem e trabalham no exterior. A cota majoritária e a administração da sociedade serão conferidas a Carlos e a sociedade <u>terá como objeto a administração de um agroturismo</u> (SOL), cujo corpo central será a grande casa a ser restaurada, juntamente com a piscicultura que poderá ser desenvolvida no laguinho. Durante os trabalhos, financiados conforme a Constituição brasileira, <u>José contribuirá para as despesas da atividade de serviços turísticos</u> (SOL) de Carlos e essas contribuições serão restituídas pelo filho quando o novo negócio estiver em atividade, apenas se o pai não conseguir dar aos outros dois filhos a mesma quantia de dinheiro. No período da restauração, <u>a casa hoje existente será utilizada como apoio logístico</u> (SOL). Além disso, Sara cuidará do desenvolvimento da piscicultura, enquanto José e sua mulher, muito felizes por fazerem alguma coisa útil na propriedade dos avós, vão se ocupar da preparação de produtos típicos do interior.

Nesta altura, cumprido com sucesso e adequado desapego profissional o papel de conciliador, o doutor Monteiro pode tranqüilamente despojar-se de sua veste oficial e abraçar com afeto o seu afilhado Carlos, de quem, brincando, puxa as orelhas, recordando-lhe que sempre foi um "bom garoto"... E abraça também José, prometendo novamente cumprir com maior cuidado aquele importante dever de guia espiritual que assumiu na ocasião da crisma de Carlos. Nem todo mal vem para prejudicar, e este conflito permitiu que os três se aproximassem de novo.

Síntese

O conflito

Destinação de uso de uma casa de campo, com terreno e lago anexos: o filho quer fazer dele um agroturismo; o pai quer conservá-la para si e para a mulher.

Os passos aconselhados (sublinhados no corpo da história)

	CARLOS	JOSÉ
POSICIONAMENTO	Liquidar a atividade. Mudar-se para as Canárias. O pai não entende nada.	A memória dos avós. "A casa é minha e eu decido!" A mãe ligada à casa.
MOTIVAÇÕES (AS REAIS NECESSIDADES)	Ganhar a todo custo. Impulsionar a carreira.	Estar tranqüilo com a consciência, com os filhos e com a mulher.
REFERENCIAIS (OS INTERESSADOS)	Mulher, empregados da agência.	Mulher, outros dois filhos.
ALTERNATIVAS (SE NÃO HOUVER ACORDO)	Vender a agência e mudar-se.	Manter o *statu quo*.
EMOÇÕES	"Realmente preciso!" Problemas da mulher. "Não sou um ingrato!"	"Sempre mimado. Agora chega!" "Meu filho é um ingrato!" "Não cedo a chantagens!"
CRITÉRIOS COMPARTILHADOS	Custos de reestruturação, custos financiáveis pelo Estado.	
A SOLUÇÃO	Sociedade que administra o agroturismo familiar. Contribuição de José para a atividade de Carlos, a ser restituída. Uso temporário da casa como apoio logístico. Envolvimento de todos.	

As técnicas utilizadas pelo terceiro (em itálico no corpo da história)

1) Para começar (na fase inicial do processo):

- Interromper a espiral da controvérsia.
- Posicionar as partes uma ao lado da outra, com o mediador diante delas.
- Incentivar a expressão das emoções e das percepções de cada um (também em 2).
- Pedir que separem a questão objetiva da subjetiva (também em 3).
- Conter um movimento de impaciência, dirigir-se a um, mas olhando também para o outro.

2) Aprofundamentos (com cada parte ou sobre cada argumento):

- Salientar os interesses e necessidades que estão por trás das posições tomadas (também em 3).
- Sugerir a observação dos diversos pontos de vista (também em 3).
- Propor a cada um que se coloque no papel do outro (também em 3).

3) Pontos críticos (aos quais se deve dar atenção especial):

- Fazer com que as partes se vejam como companheiros que enfrentam um problema.

- Mudar as regras do jogo (também em 4).
- Solicitar às partes que evitem o "bate-pronto" (também em 1).
- Pedir que não estabeleçam obstáculos intransponíveis.

4) Vamos aos finalmentes (concretizar as soluções possíveis):

- Fazer com que as partes criem soluções possíveis para depois selecioná-las com base em critérios objetivos.
- Reformular resumidamente o que foi dito pelas partes (também em 2);
- Estimular a geração de idéias, sem prós nem contras.
- Convidar as partes a olhar a hipótese de solução à luz dos interesses e de critérios-padrão.

Capítulo III

"Você sempre foi a preferida!" (entre irmãs)

> Cada um dos elementos que evidenciam os "passos analíticos" está sublinhado e com os respectivos parênteses (depois é retomado sinteticamente no fim da história): *Posicionamentos* (pos); *As reais motivações* (mot); *Os referenciais* (ref); *As alternativas, se não houver acordo* (alt); *As emoções* (em); *Os critérios compartilhados* (cri); *A solução* (sol).
> A história, depois da descrição do conflito, é dividida normalmente em 5 fases, mas algumas podem faltar e outras ser repetidas. Portanto: *O conflito;* 1) *Para começar;* 2) *Aprofundamentos;* 3) *Pontos críticos;* 4) *Vamos aos finalmentes;* 5) *Façamos a paz.*
> As técnicas utilizadas estão em itálico.

O conflito

Ana e Gabriela são irmãs, respectivamente de vinte e quatro e trinta e nove anos. Ficaram órfãs de mãe depois do nascimento de Ana; agora, estão vivendo o momento difícil da morte do pai. Este acontecimento comporta a divisão da herança: uma loja de artesanato e um pequeno apartamento anexo à loja numa pequena cidade do litoral paulista. Essa cidadezinha conserva ainda as características de algum tempo atrás, proporciona uma vida sadia e tranqüila, os vizinhos se conhecem e há certo turismo no verão por parte de pessoas do lugar, que vêm do exterior ou de outras partes do Brasil, pois gostam de aproveitar a amenidade do lugar. Por isso, as casas e os negócios valorizaram; aquelas das quais estão tratando (a casa e a loja de artesanato), por exemplo, valem em torno de 300 mil reais, que constituem o total da herança.

Gabriela, a irmã mais velha, depois de ter auxiliado o pai na difícil situação causada pela morte da mãe, ajudou a criar a pequena Ana. Não se casou, ficou vivendo com o pai, morando no apartamento ao lado e trabalhando na sua loja. Ana, ao contrário, depois da maioridade, ganhou uma bolsa de estudos para uma importante universidade americana; ao se formar, recebeu uma interessante oferta de trabalho de uma multinacional, e atualmente mora e trabalha nos Estados Unidos, onde é noiva de um jovem assistente universitário que conheceu durante os estudos.

Com a morte repentina do pai, Ana voltou dos Estados Unidos com uma licença de duas semanas. Depois do funeral e das visitas aos parentes brasileiros, deve enfrentar, com a irmã, a difícil questão da divisão da herança, uma vez que o pai não deixou testamento. Gabriela, embora tenha personalidade forte, ainda está em choque, enquanto Ana, mais desembaraçada, queria resolver a questão o mais rápido possível. Nessas condições, as duas irmãs só discutem e freqüentemente choram, porque a divisão dos bens, já dificilmente realizável, não será aceita por Gabriela, enquanto não for levado em conta o seu trabalho na casa e na loja.

Ana fala, então, à irmã sobre uma prática vigente nos Estados Unidos de recorrer a um mediador para resolver os vários tipos de controvérsias rapidamente e com custos reduzidos; procura um, encontrando-o na vizinha São Paulo. Gabriela é um pouco cética, mas decide seguir o conselho de Ana, convencida de que tem maiores direitos e esperando que o terceiro lhe dê razão. Não compreendeu bem, na verdade, que o mediador não é um árbitro nem um juiz.

1) Para começar

O mediador acolhe as duas irmãs e *as faz com que se sentem em posição eqüidistante em torno de uma mesa redonda*. Depois, percebendo a tensão entre elas, *para distrair conta uma história* que vem de Harvard, uma das melhores universidades americanas. A história fala justamente de duas irmãs que brigam pela última laranja que sobrou. Brigam, gritam, tentam conseguir o mais possível daquela laranja: obviamente, o máximo que poderiam agarrar, sem prejuízo, seria a metade da laranja para cada uma. Neste ponto a avó – que poderia representar a figura do mediador – intervém, e pergunta às duas meninas para que cada uma delas quer a laranja, descobrindo que uma a quer para fazer suco e a outra para fazer doce. Desta informação, a solução óbvia para satisfazer os interesses de cada uma é dar a uma toda a casca e à outra toda a polpa, evitando assim também os desperdícios de uma eventual divisão pela metade.

Enquanto Ana está visivelmente satisfeita pela citação de uma universidade americana e pelo fato de reconhecer um processo do qual ouvira falar na cidade onde agora vive, Gabriela não parece ter a mesma opinião: "Para mim elas são 'americanizadas' e estão bem para minha irmã 'americana'. Mas eu sou brasileira. Talvez no caso da laranja pudesse também ser assim, mas aqui falamos de uma herança, com desdobramentos emotivos... E depois, se ambas quisessem fazer um suco, como terminaria o caso?".

O mediador não sabia que Ana estudara nos Estados Unidos. Portanto, *se desculpa por haver involuntariamente criado uma situação na qual a necessária imparcia-*

lidade podia ter sido posta em dúvida, fazendo Gabriela pensar numa propensão para a outra parte. Ele explica que o exemplo servia somente para dar uma idéia de como a mediação, com o aprofundamento dos interesses de cada parte, pode maximizar os benefícios e minimizar os desperdícios. Convida, portanto, as duas irmãs a *apresentar a situação do próprio ponto de vista*, sem se interromperem e sem se criticarem.

Dá logo a palavra a Gabriela, também *por um sentido de oportunidade e para sanar o inconveniente de antes*, e ela assim começa: "Minha irmã Ana piorou quando foi para a América (EM): parece que agora lhe interessa somente o dinheiro, não lhe interessam mais os sentimentos, e isto me faz sofrer muito. E dizer que eu fiz o papel de mãe (EM) e suportei que papai preferisse Ana a mim, mesmo eu fazendo tudo em casa! Agora ela quer tomar a metade daquele pouco que papai nos deixou e talvez quisesse também vender tudo para pegar o dinheiro", conclui, chorando.

O mediador *deixa que o desabafo acabe*, seja porque a situação emotiva pode ser superada quando expressada dessa maneira, permitindo depois que a parte se concentre em questões objetivas, ou porque a irmã menor não se descompõe. A terceira parte pontua que, na exposição de cada uma, seria melhor *não atribuir culpas ou criticar defeitos da outra parte*, verdadeiros ou presumíveis que sejam; o melhor é *concentrar-se sobre como cada uma viveu o acontecimento e falar sobre os próprios interesses e necessidades*, que consideram ameaçados pela outra.

Passa, portanto, a palavra a Ana que, <u>de modo mais claro e compassado</u> (EM), quase acadêmico, expressa o seu ponto de vista: "Na universidade, nos Estados Unidos, fiz também um curso sobre a resolução alternativa das controvérsias, portanto mediação, conciliação, arbitragem, e sei que, se nos deixarmos tomar pela emotividade, não conseguiremos encontrar a solução. De fato, percebo agora que, quando há um envolvimento na primeira pessoa, não é tão fácil ver as coisas com objetividade e é importante se encontrar diante de um mediador profissional, que ajude as partes a separar as pessoas do problema e a fazer com que elas se concentrem sobre os interesses recíprocos...". Embora Ana use um pouco o tom de professor num curso de faculdade, o mediador a deixa falar *para fazê-la se sentir à vontade, como permitira o breve desabafo de Gabriela.*

Gabriela, então, retoma, ligeiramente aborrecida com a ostentação erudita da irmã: "Nossa mãe morreu depois do nascimento de Ana e eu, de alguma forma, a substituí, enquanto fazia faculdade à noite: no fundo, foi <u>a única vez que fiz o papel de mãe</u> (EM), porque depois não me casei e obviamente não tive filhos! Quando Ana começou a ir à escola, eu comecei a trabalhar na oficina de meu pai. Fazia esculturas de argila, pintava e vendia, para a nossa loja ou para os clientes que as encomendavam. Além disso, sempre me ocupei com os afazeres domésticos, porque Ana, antes, devia estudar e fazer as atividades esportivas e, depois, foi para os Estados Unidos cursar a universidade. <u>Portanto, não posso aceitar que aquilo que nosso pai nos deixou seja dividido em duas partes iguais</u> (POS), porque Ana nunca se interessou por nada e agora quer somente o dinheiro".

Ana intervém alterada: "<u>Não aceito que você continue a me apresentar como a cínica sem coração</u> (EM) por aquilo que não fiz quando estava na escola ou, depois, quando fui para o exterior. No fundo, decidimos todos juntos que eu iria estudar na universidade e ficamos todos muito felizes pela bolsa de estudo e pelo trabalho nos Estados Unidos! E, depois, o estudo me serviu para compensar <u>a falta da mãe</u> (EM), que nunca conheci...". Gabriela a interrompe bruscamente: "<u>Como você é ingrata!</u> (EM). Agora você quer dizer que tudo aquilo que fiz por você não vale nada?", e começa a chorar de novo. Neste ponto, o mediador intervém: *julga oportuno continuar com encontros separados*, dado o compreensível ressentimento de Gabriela e a aparente frieza de Ana que, porém, poderia também esconder uma fragilidade emocional, compensada pela realização nos estudos e no campo profissional.

2) Aprofundamentos

Com Gabriela

O mediador decide começar por Gabriela que, na ausência da irmã, retorna mais objetiva e decidida. "Foi um golpe duro, pode-se entender muito bem, mas vou conseguir, como quando morreu nossa mãe e quando <u>minha irmã, que considero como uma filha</u> (EM), partiu para os estudos no exterior, e eu tinha a sensação clara que seria para sempre. Agora, não tenho mais familiares ao meu lado, porque as nossas famílias vieram do norte e lá permaneceram os poucos parentes que ainda temos. Além de alguns amigos, a casa e o artesanato são a <u>minha razão de viver</u> (EM); no fundo, depois do curso de artes, não fiz nada mais a não ser me dedicar à família, à casa e ao trabalho.

O mediador *reformula o que foi exposto* por Gabriela, considerando que, para ela, <u>a manutenção da casa e da loja</u> (MOT-EM) não é somente uma questão subjetiva e emocional, mas também objetiva, relativa, portanto, aos seus interesses fundamentais. De fato, as considerações de Gabriela estão sim ligadas à história familiar e à tradição do trabalho artesanal do pai, mas também baseadas em motivos práticos, de oportuna <u>necessidade de permanecer naquele lugar</u> (MOT) para continuar a atividade, e para morar na casa da família; atividade e casa às quais ela está evidentemente mais ligada que a irmã e que constituem fundamentos imprescindíveis para o seu bem-estar psicofísico. Neste caso, <u>as alternativas são poucas ou nulas</u> (ALT), porque, se é verdade que lugares à beira-mar e atividades artesanais existem muitos, aquele determinado negócio existe somente naquele lugar. Talvez, então, em vez de conservar as coisas como estão, Gabriela pudesse estar disposta a *fazer alguma concessão a mais, considerando as reais necessidades da irmã*. "Quer dizer que devo ceder metade de tudo a Ana? Absolutamente não, <u>o máximo que posso dar é um terço</u> (POS), não mais que 100 mil reais, e também não tudo de uma vez, porque tenho somente 50 mil disponíveis!", exclama Gabriela. *O mediador lhe diz com calma e tranqüilidade* que não se trata exatamente disso, mas do fato de que o seu interesse em manter o *statu quo* deverá combinar com os interesses da irmã, que serão examinados no encontro com ela.

Com Ana

Ana, a sós com o mediador, continua de modo um tanto catedrático: "Sei que agora devemos falar daquilo que eu não quero dizer claramente diante da outra parte, ou seja da minha irmã. Não vou fazê-lo perder tempo: <u>não tendo eu qualquer interesse na casa nem na loja de artesanato</u> (MOT), o único motivo pelo qual queria ter a minha metade é para vendê-la e <u>conseguir</u>

dinheiro para comprar uma casa nos Estados Unidos e me casar (MOT). Trabalho há pouco tempo, não tenho economias e não quero gastar uma fortuna em aluguel. O meu noivo está fazendo carreira na universidade e, por isso, não vai receber salário ainda por vários anos. Já visitei alguns apartamentos em construção, que custam 150 mil dólares cada; dando uma entrada de 75 mil dólares logo, a dívida restante terá um juro irrisório. Se recebesse a metade da herança, que imagino em torno de 150 mil reais, conseguiria dar exatamente esta entrada, usufruindo as vantagens futuras". O discurso da introdução é perfeito, e o mediador continua com o exame das alternativas e das opções que certamente Ana já avaliou.

"Falando em alternativas", continua Ana, "penso que, na falta de um acordo, poderíamos nos dirigir ao juiz (ALT), que não sei como poderia avaliar o trabalho desenvolvido pela minha irmã em casa e no artesanato. Ou melhor, aproveito para lhe perguntar se, na sua experiência de mediador, teve alguma ocasião em que tratou de um caso semelhante e quais são as orientações jurídicas (CRI) neste sentido. De qualquer jeito, preferiria não ter que chegar ao tribunal, tanto porque considero chato que as questões de família sejam espalhadas aos quatro ventos, e também porque para mim seria impossível acompanhar um processo judicial de tão longe. Claro que <u>sou agradecida a minha irmã</u> (EM) por tudo o que ela fez por mim, mas <u>não quero trocar esta gratidão por concessões econômicas</u> (EM), porque seria uma confusão arbitrária".

O mediador só pode confirmar, mas *reformula também o que foi afirmado* por Ana. Parece que para ela se trata somente de um problema de quantidade de dinheiro: quer <u>a metade porque corresponde à entrada para a compra do imóvel</u> (MOT) nos Estados Unidos, aquisição que, devendo ser feita em breve, não conciliaria com as demoras de um processo judicial. As considerações feitas por Ana demonstram claramente que ela considera a questão sobretudo do ponto de vista material, já que lhe pode servir para o progresso e desenvolvimento da sua vida no exterior. Se ela pede para conhecer precedentes judiciais é somente para ter critérios externos, mas a alienação emotiva na discórdia é evidente.

O mediador, portanto, destaca como também para Ana pode *ser vantajoso fazer alguma concessão a mais* para conseguir uma importância próxima do seu objetivo no menor tempo possível. Isto poderia combinar com o interesse da irmã em manter as coisas como estão.

Na história da única laranja, a discórdia exige a complementaridade dos interesses das duas irmãs. Mas, supondo que Gabriela possa, em termos objetivos, ceder mais no lado econômico, Ana deveria *considerar a ne-*

cessidade de a irmã continuar a administrar a atividade com a família e não com estranhos, os quais, ao contrário da irmã, poderiam resolver o problema de Ana, dando-lhe o dinheiro necessário para a compra da casa no exterior.

3) Pontos críticos

O mediador propõe fazer uma pausa durante a qual poderá ser feita uma *pesquisa sobre casos semelhantes resolvidos com a intervenção de um juiz*. Voltando ao escritório, ele lamenta não ter encontrado uma resposta nos casos examinados. É, porém, evidente que as duas irmãs têm idéias bem claras sobre os respectivos interesses e necessidades a serem satisfeitos: nisto o mediador vê os pressupostos para um acordo de mediação bemfeito. Isto não tira a possibilidade de que se corra o risco – como é normal nas controvérsias humanas – de que cada uma delas queira fazer prevalecer o próprio ponto de vista, considerando-o muito razoável e justo para poder ser aceito também pela outra parte.

As respostas possíveis parecem situar-se numa linha reta, em que, raciocinando por paradoxos, numa extremidade há a garantia da casa e do negócio para Gabriela e o pagamento para Ana de somente um terço da herança, e na outra extremidade há uma metade da herança para Ana, com a possível alienação e venda de tudo. Ao longo dessa linha reta há uma série de possíveis acordos intermediários. De qualquer forma, para não excluir nenhuma tentativa, pode-se procurar *alargar este âmbito de possibilidades, levando em consideração dados objetivos*: Ana tem a possibilidade de uma redução dos encargos sobre o empréstimo se der, em breve, aquela grande entrada para a aquisição do apartamento americano, e Gabriela não dispõe de mais de 50 mil reais.

O mediador antecipa que criar novas possibilidades não é coisa fácil: o caminho mais cômodo é não inventar; o ser humano se sente melhor numa situação de conservação mais que na de desenvolvimento e de mudança. Certamente, se quiser fazer o melhor possível, é preciso *atenuar ou anular totalmente os sentidos críticos, que vêem sempre os defeitos de uma nova idéia*; neste caso, o melhor a fazer é *calar o juízo, que poderia prejudicar a imaginação*. Tudo isto é mais difícil numa situação controversa e, por isso, também a presença da outra parte pode ser um obstáculo que sufoca a criatividade. Neste caso, pode-se sempre voltar aos encontros separados, *úteis nas situações em que uma das duas partes queira apresentar uma proposta* e não tem coragem de fazer diante da outra parte, com medo de rejeição ou de crítica.

Gabriela intervém: "Não queria que, com essa história de criatividade, nos confundíssemos ainda mais. Para que servem tantas idéias, se já é tão difícil chegar a um acordo com poucas...", mas é interrompida pelo mediador que lhe lembra de que *gerar idéias não significa ainda tomar uma decisão*. Em todo caso, a decisão é das duas partes e somente se chega a ela quando satisfaz a ambas, porque cada uma é livre para não concordar se a solução proposta não a convencer. O importante é *não deixar bloquear as idéias por juízos prematuros sobre uma única solução possível*: no caso específico, a permanência de Gabriela na casa e na loja.

4) Vamos aos finalmentes

O mediador, introduzindo esta fase, sugere o conceito de dispor de um bolo do qual cada uma quer a fatia maior e, por isso, procura reduzir a fatia do outro. Porque não *pensar em fazer alguma coisa para "tornar o bolo maior" no sentido literal, e dispor de muito mais elementos* para satisfazer os interesses das partes? No caso em exame, Gabriela estaria satisfeita com a <u>manutenção da situação como está</u> (MOT); Ana, ao contrário, teria <u>75 mil dólares para a entrada da casa nos Estados Unidos</u> (MOT).

A proposta, obviamente, é interessante para ambas as irmãs, porque a hipótese poderia satisfazer os interesses e as necessidades das duas, e também porque estimulou um aspecto jocoso que, além de acalmar a situação, serviu também para favorecer a criatividade e, talvez, para sondar soluções que estavam latentes. O mediador, portanto, *as encoraja a falar todas as idéias possíveis que possam vir à cabeça para encontrar um modo de aumentar esse bolo, e depois selecionar as melhores:*

"E se ganhássemos na loteria?..."

"E se vendêssemos toda a mercadoria por dez vezes o seu valor..."

"E se convidássemos algum parente a entrar na sociedade e propiciar um aumento de capital..."

"E se arrumássemos um financiamento de alguma entidade que apóia o desenvolvimento artesanal à beira-mar..."

"E se hipotecássemos a casa e a loja..."

"E se pedíssemos um empréstimo a um banco ou a uma financeira..."

"E se encontrássemos um tesouro escondido em casa..."

E a surpresa, embora comum, que vem dessa "brincadeira" é que Gabriela se lembra de ter realmente um tesouro na gaveta, porque a mãe, antes de morrer, lhe deu um grande anel com brilhante, que pertencera à sua bisavó, com a promessa de utilizá-lo somente em caso de necessidade. "Deixei o anel no cofre da loja sem nunca pensar em sua utilização; nunca o usei em respeito à memória de nossa mãe e porque não sou uma mulher que use um anel tão vistoso, com medo de ser roubada. Talvez tenha exatamente chegado o momento de vendê-lo para resolver a questão."

A discussão sobre os tesouros que existem em casa continua, e Ana acrescenta: "Se é por isso, sempre recebemos da família de mamãe alguns móveis antigos, alguns dos quais de certo valor. Há um antiquário do Rio de Janeiro que no verão sempre vem e fica cortejando uma cômoda do século XVI: segundo ele, vale 10 mil reais...". "Mas a cômoda faz parte da mobília da loja...", contra-ataca Gabriela.

O mediador intervém, sugerindo não esquecer que estão na fase de geração de *idéias criativas, que ninguém disse que as sugestões devem ser seguidas.* Lembra Gabriela que, se procuramos aumentar o bolo – no caso, que consiga satisfazer plenamente sua necessidade de permanecer onde está, continuando a fazer aquilo que faz, sem intromissão de estranhos e procurando não onerar excessivamente as suas finanças –, *é bom fazer alguma concessão recíproca que, embora represente um sacrifício, ajude a alcançar o objetivo.*

Ele, no entanto, *anota todas as propostas, mesmo as mais inverossímeis*, e sugere às duas irmãs *fazerem uma seleção e desenvolverem as idéias efetivamente praticáveis*, especialmente aquelas que dependem da própria vontade e não da vontade de outros ou de eventos fortuitos e imprevisíveis. A idéia que parece mais praticável é a da hipoteca ou do financiamento, que dariam um retorno imediato; são, porém, considerados os juros a serem pagos. Adia-se, por isso, para um encontro posterior a avaliação da viabilidade daquela idéia, considerando nesse meio tempo propostas de bancos e entidades que possam dispor de tal soma de dinheiro.

Antes de se despedirem, o mediador retoma as tarefas para o próximo encontro, especialmente o critério para decidir: <u>a avaliação da hipoteca ou do financiamento, da mobília e do anel antigo</u> (CRI). Lembra também às duas irmãs que elas se encontram a um passo da solução, para que os seus interesses sejam complementares. Gabriela, de fato, leva em consideração a essência da casa e da loja, onde tem a intenção de viver e trabalhar pelo resto de sua vida ou, ao menos, por um futuro a médio/longo prazo, e não parece estar apegada a outras coisas, como ao anel ou à mobília antiga, a não ser porque faz parte da loja. Não está preocupada nem mesmo com o dinheiro, uma vez que pretende continuar a sua vida com o estilo de sempre, também porque tem a tradição do trabalho do pai e, portanto, exclui a alternativa de exercer a mesma atividade noutro lugar ou de precisar envolver estranhos na família. Ao contrário, Ana tem interesse em que a casa, a atividade e as antiguidades possam render o dinheiro com o qual conta para um projeto que já começou, quando se mudou para o exterior, e que agora quer realizar, casando-se com o noivo e comprando um apartamento, mesmo que com um empréstimo.

5) Façamos a paz

No encontro seguinte, o mediador encontra as duas irmãs em paz porque acharam o modo de resolver a divisão da herança e de realizar até alguma coisa a mais, aquele "extra" que para muitas mediações é um mérito que se atribui ao ótimo resultado.

Gabriela avaliou com o banco – que, dado o grande desenvolvimento da região, não aplica condições pesadas de pagamento – a possibilidade de ela fazer <u>uma hi-</u>

poteca no valor de 100 mil reais (SOL) sobre a atividade comercial (que o mesmo banco avalia em crescimento expressivo, e Gabriela se sente encorajada em dispor de um bem de valor tão promissor). Esta importância, que pode ser restituída com prestações variáveis conforme a renda da atividade, somada aos 50 mil reais dos quais já dispõe (SOL), é transferida para Ana para a entrada da casa na América (SOL).

Gabriela conserva a casa, a atividade profissional e as antiguidades (SOL). Os móveis e a jóia foram avaliados globalmente por volta de 20 mil reais, que ficam com ela, na eventualidade de não poder pagar parte do empréstimo hipotecário. Esses bens, juntamente com o aumento de valor da casa e da atividade, representam bem o "ressarcimento" por tudo aquilo que Gabriela fez e que continua fazendo. E também Ana está feliz em demonstrar assim a própria gratidão.

Síntese

O conflito

Divisão de uma herança (uma casa e uma loja de artesanato) entre duas irmãs. Uma quer conservar o todo, a outra quer vender para obter dinheiro para comprar uma casa nos Estados Unidos, onde mora.

Os passos aconselhados (sublinhados no corpo da história)

	GABRIELA	ANA
POSICIONAMENTO	Não à divisão pela metade. Reconhecer os sacrifícios feitos.	"Quero a metade que me cabe como filha!"
MOTIVAÇÕES (AS REAIS NECESSIDADES)	Conservar casa e trabalho.	Dinheiro para dar de entrada na casa nos Estados Unidos.
REFERENCIAIS (INTERESSADOS)	Ela mesma.	Ela mesma, o noivo.
ALTERNATIVAS (SE NÃO HOUVER ACORDO)	Espera os acontecimentos.	Divisão judicial.
EMOÇÕES	Ana ingrata e cínica.	Problema emotivo, órfã.
CRITÉRIOS COMPARTILHADOS	Valor da casa, anel, mobília: entrada na casa nos EUA. Orientação legal em casos semelhantes.	
A SOLUÇÃO	Hipoteca de 100 mil reais sobre a casa e atividade, que devem ser transferidos para Ana junto com outros 50 mil reais. Gabriela conserva todo o resto.	

As técnicas utilizadas pelo terceiro (em itálico no corpo da história)

1) Para começar (na fase inicial do processo):

- Posicionar as partes sentadas em posição eqüidistante ao redor de uma mesa redonda.

- Citar exemplos para descontrair.

- Não criar situações nas quais a imparcialidade possa ser colocada em dúvida.
- Orientar as partes a apresentar seu ponto de vista, sem críticas ou interrupções.
- Dar a primeira palavra a uma parte, conforme a conveniência.
- Incentivar a expressão da emotividade e deixar as pessoas à vontade (também em 2).
- Pedir que não atribuam culpas nem exponham os defeitos da outra parte (também em 3).
- Fazer com que as partes se concentrem na própria experiência e nas necessidades "ameaçadas" (também em 2).
- Sugerir encontros separados, se a tensão aumentar.

2) Aprofundamentos (com cada uma das partes ou sobre cada argumento):

- Reformular o que foi dito pelas partes, para melhor compreensão (também em 4).
- Reaproximar as partes e fazer com que cada uma considere as necessidades da outra (também em 4).
- Propor breves intervalos para aprofundamento dos argumentos e para reflexão.

3) Pontos críticos (aos quais foi dada atenção especial):

- Procurar referenciais jurídicos semelhantes (também em 4).
- Não se deixar condicionar pelo sentido do limite, pelas críticas ou pelo juízo.
- Ver as vantagens recíprocas, e em nome das quais fazer eventuais concessões.

4) Vamos aos finalmentes (concretizar as soluções possíveis):

- Sugerir "aumentar o bolo" antes de dividi-lo, considerando os dados objetivos.
- Pedir idéias; depois, selecionar as melhores.
- Definir a situação antes de concluir um encontro.

CAPÍTULO IV

"ESTE É O CARISMA DA INSTITUIÇÃO!" (EM UMA CONGREGAÇÃO RELIGIOSA)

> Cada um dos elementos que evidenciam os "passos analíticos" está sublinhado e com os respectivos parêntese (depois é retomado sinteticamente no fim da história): *Posicionamento* (POS); *As reais motivações* (MOT); *Os referenciais* (REF); *As alternativas, se não houver acordo* (ALT); *As emoções* (EM); *Os critérios compartilhados* (CRI); *A solução* (SOL).
> A história, depois da descrição do conflito, é dividida normalmente em 5 fases, mas algumas podem faltar e outras ser repetidas. Portanto: *O conflito*; 1) *Para começar*; 2) *Aprofundamentos*; 3) *Pontos críticos*; 4) *Vamos aos finalmentes*; 5) *Façamos a paz*.
> As técnicas utilizadas estão em itálico.

O conflito

Dentro da casa-mãe de uma instituição religiosa feminina criou-se certa tensão pela diferença de pontos de vista de duas irmãs sobre o modo de entender e de viver o apostolado no meio do povo, um dos pontos fundamentais do carisma da congregação. Irmã Ingrid, norte-européia e mais velha, antes superiora e depois responsável pela casa, entendia o apostolado principalmente como a acolhida dos peregrinos ou dos hóspedes desejosos de se regenerar espiritualmente, atendo-se mais rigidamente às regras da instituição. Irmã Maria, sul-americana e mais jovem, responsável pelas noviças, queria expressar o apostolado no meio do povo em missões populares, tanto dentro da região na qual a casa se encontra como mais longe ou onde houver uma situação de necessidade, independentemente da fé das pessoas que se encontram necessitadas.

Neste ponto, é importante conhecer a história pessoal das duas irmãs.

Irmã Ingrid fora colocada no internato ainda pequena, porque a família não tinha condições de cuidar de todos os filhos. Da vida do internato passou para a consagração. No seu caminho de vida religiosa, viajou o mundo e exerceu diversos cargos. Chegando ao Brasil, onde vive até hoje, tivera muita dificuldade em se integrar e em compreender a realidade ao seu redor. Além disso, havia justamente recebido a pesada incumbência de "colocar o convento em ordem"... Agora, conhece bem a realidade do lugar, mas mantém uma atitude de hostilidade e de isolamento em relação ao mundo externo. Pode-se, no entanto, compreender a sua visão de um apostolado interno e subordinado às regras se considerarmos as suas origens culturais, a sua idade e a sua experiência. Como ela, pensam assim as irmãs mais tradicionalistas e com mais idade, que também protestaram quando ela fora indicada como superiora, para depois se tornarem um grupo compacto que agora a apóia em qualquer ocasião.

Irmã Maria vem de uma experiência totalmente diferente. Vocação adulta, viveu intensamente a juventude em seu país de origem, empenhando-se já nos primeiros anos de estudo nos movimentos de libertação, em favor de pobres e explorados que viviam nas *favelas* e não tinham nenhum direito. Sentiu depois a vocação para viver mais radicalmente o seu empenho para com os mais necessitados e entrou para aquela congregação, cuja realidade missionária conhecera no seu país, onde se integrara com as pessoas do lugar, pobres, mas alegres. Irmã Maria foi depois enviada para o Brasil, justamente para levar o espírito do seu país para animar as vocações que estavam diminuindo, como em todas as casas religiosas. O seu modo de fazer as coisas é espontâneo e envolvente, às vezes excessivo, mas sempre marcado pela alegria; anima cursos vocacionais e missões populares, nos quais propõe também apresentações de "teatro de rua" sobre o Evangelho e sobre a vida dos santos. Com o seu entusiasmo consegue arrastar os jovens, tanto que algumas moças se aproximaram da congregação, coisa com a qual a atual superiora, Irmã Helena, que, aliás, esteve na missão no país de Irmã Maria, está muito feliz.

O clima na comunidade vinha se deteriorando porque o grupo de <u>irmãs tradicionalistas</u> (REF), aquelas que se reconheciam na visão de Irmã Ingrid e que estavam firmemente convencidas de que <u>o carisma da congregação era orientado para a contemplação (!)</u> (POS), se sentiam colocadas à parte, como se a sua experiência dentro da congregação não fosse mais valorizada positivamente. <u>As irmãs inovadoras</u> (REF), que interpretavam <u>o carisma mais como ação e serviço externo</u> (POS), olhavam com esperança as atividades empreendidas por Irmã Maria, também porque viam reflorescer as vocações. Por outro lado, <u>as jovens noviças ou postulantes, e os próprios rapazes e moças que freqüentavam os cursos</u> (REF) de Irmã Maria ou que a acompanhavam nas missões populares em outros países e cidades, <u>se sentiam frustrados</u> (EM) quando interagiam com as religiosas do outro grupo, por motivo das diversidades existentes.

As tensões não se aquietavam nem no momento da oração, na qual procuravam oferecer essas dificuldades ao Senhor. Até o modo de rezar e de cantar era objeto de divergências. Muito recitado, acompanhado com harmônio, ainda em uso, que o <u>grupo tradicionalista</u> (REF-POS) não tinha qualquer intenção de mudar. O <u>grupo inovador</u> (REF-POS), ao contrário, queria introduzir um estilo de oração mais silenciosa e com o canto acompanhado pelo violão – que era o modo de cantar e de rezar adotado nos cursos vocacionais e nas missões populares, e que acabava sendo um poderoso chamado também para as pessoas afastadas da fé. Com efeito, algumas moças, que se aproximaram da congregação depois de uma experiência vocacional com Irmã Maria, <u>ficaram desorientadas</u> (EM) também pela grande diferença dos dois modos de rezar.

Irmã Helena havia, então, se dirigido a um frade, padre Salvador que, quando ainda leigo era conciliador, fora chamado várias vezes para resolver questões e controvérsias em comunidades religiosas. As irmãs aceitaram a intervenção, mesmo que inicialmente as que se reconheciam em Irmã Ingrid pensassem não ter necessidade de nenhum mediador e <u>permanecessem firmes</u> (EM) nas próprias posições: diziam que era bom que as coisas <u>continuassem como estavam</u> (MOT), <u>que o carisma da contemplação estava já consolidado</u> (POS) e que "as inovadoras podiam procurar outro lugar para cantar e dançar como quisessem". Já Irmã Maria e as outras irmãs, ao contrário, preferiram não dar muito peso à situação, e até lamentavam que o seu modo de viver a fé no serviço e na ação evangelizadora (MOT), coerentes com o Evangelho e com o carisma da congregação (POS), fosse objeto de uma mediação, como um contrato comercial.

Decidiu-se, todavia, tentar ao longo de uma semana de exercícios espirituais, durante os quais as irmãs, ajudadas pelo padre Salvador, meditariam sobre as tensões e sobre a reconciliação das primeiras comunidades cristãs, como estão descritas no livro dos Atos dos Apóstolos.

1) Para começar

No dia estabelecido, estavam todas, menos a pobre irmã Helena que se encontrava no hospital para tratamentos clínicos. Padre Salvador *percebeu logo o clima de tensão e de esperança existente, e entrou em empatia com ele*: por experiência, sabia que era melhor estar diante de pessoas que vivem entre si uma situação dialética do que uma situação de indiferença. Especialmente, se consagrados ou consagradas de uma comunidade sentem indiferença recíproca, isto pode ser o indício de que "navegam ao léu" ou "levantaram muros", e por isso é mais difícil fazê-los se comunicar; e falta potencial, constituído pelo contraste, para poder utilizar na construção de alguma coisa. Considerando a vida de uma comunidade religiosa, em que se compartilham as escolhas da vida e os momentos fortes do dia, a indiferença é ainda mais pesada que a hostilidade e pode revelar uma falta de autêntica vitalidade e fraternidade, ou um perigoso desfalecimento dessas dimensões.

Padre Salvador começou logo a falar sobre a vida e sobre o espírito das primeiras comunidades cristãs, *sublinhando os paralelismos entre a situação controversa que as irmãs estavam vivendo e os notáveis precedentes*, como, por exemplo, as diferenças de pontos de vista dos primeiros cristãos sobre o modo de viver o Evangelho. Então, como hoje, o problema era conciliar os diversos modos de percorrer a vida que levam ao ideal de vida cristã. Esse ideal, devendo se concretizar na vida dos seres humanos, inevitavelmente passa pelas características de cada homem ou mulher do grupo, cada um com suas diferenças: são estas que, muitas vezes, geram os contrastes. É possível, porém, encontrar a harmonia depois de haver esclarecido as posições de cada pessoa e ter explicitado as emoções, as raivas ou os medos latentes, possivelmente iluminados pela caridade evangélica, mas também por aquela clareza e franqueza que Jesus, em primeiro lugar, colocou como fundamento das suas relações com os outros.

2) Aprofundamentos

Em grupo

Padre Salvador, consciente de que a partilha é feita em vários níveis, do mais ideal ao mais prático e cotidiano, procurou *envolver as irmãs em exercícios de vários tipos*. Por exemplo, em grupos oportunamente misturados com a presença de irmãs com pontos de vista contrastantes, desenvolveu a criatividade na solução de problemas lógicos e simples, e que aparentemente pareciam poder ser resolvidos somente com a vitória de uma parte em detrimento da outra. No fim das simulações se descobria, ao contrário, que se pode obter o máximo dos resultados somente com a total colaboração entre as partes. Tudo isso contribuiu não somente para confirmar o clima de maior serenidade que foi criado, mas também para predispor todas as irmãs a uma abordagem construtiva do problema que elas vinham enfrentando.

Padre Salvador, então, passou *ao plano mais elevado de sintonia e reuniu todas as irmãs para uma oração comunitária* na qual deviam pedir, com muita intensidade, a assistência do Espírito Santo naquele momento delicado. Cada irmã devia estar profundamente consciente de poder ser um instrumento do Espírito de paz, de fraternidade e de respeito de cada uma das vocações, na total confiança de que tudo concorre para a construção do Reino de Deus. O momento de oração foi conduzido por uma sábia alternância de silêncio e de palavra, de cantos tradicionais e mais modernos, de tal modo que todas as irmãs se sentiram representadas no seu legítimo desejo, humano e cristão, de louvar o Senhor, por meio do qual cada uma delas pôde expressar-se profundamente, seguindo as iluminadas sugestões de um terceiro que não estava diretamente envolvido na "controvérsia".

Em pares

Nesse ponto, padre Salvador organizou o trabalho mais delicado, que consistia na *elaboração das possíveis soluções para o problema* de como viver o apostolado, soluções que de alguma forma deviam partir da reconstrução da harmonia, baseada no *reconhecimento e na aceitação da visão diferente do próprio ponto de vista*. Essa visão seria depois compartilhada, na melhor das hipóteses, ou pelo menos respeitada e expressada livremente.

Com base num simples sorteio, todas as irmãs *formaram pares, em que as componentes eram representantes das duas visões contrapostas*, enquanto as irmãs *neutras ou mais inclinadas a uma função de observação ficaram de fora*, disponíveis para ajudar o padre Salvador na organização do trabalho de cada dupla.

Por ironia do destino, por providência ou por simples coincidência, no sorteio dos pares, Irmã Ingrid ficou com Irmã Maria. Como demonstração do clima mais sereno que se estabelecera no grupo, ambas sorriram de tal circunstância, e até a tomaram como um sinal da vontade divina que as queria de alguma forma trabalhando juntas.

Cada dupla devia partir daquilo que surgiu na fase de expressão das emoções, para depois *parar um pouco e pedir novamente a assistência do Espírito Santo com uma breve oração* proclamada e também um breve momento de silêncio. Depois, cada uma deveria *se colocar na situação oposta, analisando a situação do ponto de vista da outra*, com a maior identificação possível no seu modo de ser, na experiência e na espiritualidade; e, através daquela visão, expressar então o próprio ponto de vista.

A realização do trabalho foi habilmente *animada pelo padre Salvador, que ajudava a superar bloqueios na comunicação ou passagens difíceis*. As suas intervenções, auxiliadas pelas irmãs "neutras", não eram voltadas a apresentar soluções, porque tais *soluções (na linha do espírito da conciliação) podiam surgir somente de um verdadeiro encontro* entre as irmãs nos grupos. As eventuais *"microssoluções" nas duplas poderiam depois se estender para a comunidade no seu todo*, possivelmente aproveitando os melhores elementos ou os mais aceitos por dupla. Deviam ser considerados dois critérios de referência: <u>a história do carisma da congregação e as novas vocações</u> (CRI).

3) Pontos críticos

Padre Salvador *convidou, portanto, todas as irmãs a desabafar, dentro de certos limites,* tudo o que estavam vivendo, tudo aquilo que não favorecia a vida harmoniosa da comunidade e que, ao contrário, corria o risco de degenerar numa divisão. No começo, nenhuma parecia disposta a se expressar: as mais velhas, porque viveram num período no qual não era possível uma abordagem desse tipo e eram formadas para "oferecer todos os sofrimentos ao Senhor", de fato não enfrentam concretamente os problemas, caindo num inevitável <u>endurecimento</u> (EM); as mais jovens, porque estavam <u>um pouco desorientadas</u> (EM) pelo modo como aquele acontecimento estava sendo enfrentado e administrado.

Bastou, de alguma forma, aquele primeiro dia para que o padre Salvador percebesse que muitas situações se resolviam em contrastes mais ou menos expressos ou velados entre as irmãs. Isto permitiu *perguntar francamente o que experimentaram naqueles momentos de divergências* que ele teve oportunidade de observar. No começo timidamente, depois de modo cada vez mais explícito, puseram para fora todos os sentimentos que elas escondiam, e que eram como uma erva daninha que sufocava a boa semente da vida em comum.

Apareceram especialmente os medos das <u>irmãs "tradicionalistas"</u> (REF) – que se reconheciam na Irmã Ingrid – de <u>não servirem mais para a congregação e de perderem as tradições sadias</u> (EM) nas quais cresceram; do outro lado, surgiram <u>as frustrações</u> (EM) das <u>irmãs "inovadoras"</u> (REF), que seguiam Irmã Maria como a <u>mais evangélica e coerente com o espírito original</u> (MOTPOS). Não faltaram momentos intensos de tensão e de comoção. Padre Salvador *favorecia, na medida do possível, essas expressões,* e era como se, a cada desabafo, o terreno ficasse mais limpo e bonito. E podia ser visto no rosto das irmãs! Mas isto não era senão o primeiro passo.

Diluído, assim, o potencial de agressividade, precisava passar para a *construção de alguma coisa, utilizando o potencial emotivo, também negativo, surgido.* Esse potencial, presente em ambos os grupos de irmãs, confirmava a ausência de indiferença dentro da comunidade que poderia se transformar numa força propulsora na busca de uma solução. Irmã Ingrid e as irmãs mais idosas conseguiam expressar uma emotividade muito forte na situação específica, apesar do seu estilo normalmente tranqüilo e compassado. Do outro lado, parecia que Irmã Maria e o grupo das mais jovens não compreenderam que a mesma energia e intensidade que aprofundavam no teatro e nas missões populares podia ser canalizada, também e especialmente, nessa situação problemática.

No fim dos primeiros três dias de exercícios espirituais de meditação e de mediação, todas as irmãs estavam mais tranqüilas. Antes de tudo, aliviaram-se do peso de sentimentos negativos experimentados por muito tempo na relação com as outras, como se não pertencessem à mesma família. Através dessa experiência tomaram consciência realmente de que partilhavam a mesma fé em Jesus Cristo e que queriam seguir as suas pegadas naquela congregação, que começara com um apostolado dirigido mais ao serviço externo, para depois se adaptar, quase por necessidade, a uma expressão mais contemplativa. Além disso, todas as irmãs intuíram a grande oportunidade de utilizar o potencial de energias humanas e espirituais existente, não tanto umas *contra* as outras, mas umas *com* as outras, na busca da solução de uma vida comum e compartilhada.

4) Vamos aos finalmentes

Ao término do trabalho – intercalado por tempos dedicados à oração, ao descanso, à alimentação e a saudáveis passeios ao ar livre –, as possíveis soluções foram reunidas *em quatro grupos principais, dos quais seria depois feita a escolha das melhores idéias a ser consideradas e realizadas com o máximo benefício e com o mínimo sacrifício por parte de todas.*

1) Duas duplas, apesar da animação das irmãs observadoras ou das intervenções de facilitação do padre Salvador, não conseguiram elaborar nada de construtivo e ficaram presas em suas respectivas posições. Mas não era preciso fazer disso um drama: o padre Salvador havia preventivamente admitido tais possibilidades, esclarecendo que não seria realmente para se lamentar, porque representava um extremo do trabalho, aquele segundo no qual <u>tudo permanecia como estava</u> (SOL-ALT).

2) Outras duplas propuseram soluções reduzidas, fundamentalmente, a <u>ter um período de reflexão</u> (SOL): as irmãs inovadoras poderiam dirigir-se aos lugares de missão, compatívelmente com as exigências da congregação e com as disponibilidades *in loco*, ou então ir trabalhar em realidades eclesiais difíceis no território brasileiro.

3) Um outro par de duplas propôs <u>uma discreta separação dos dois grupos</u> (SOL). Todas as irmãs permaneceriam dentro da mesma congregação e seria criada uma espécie de filial do Instituto, utilizando uma casa atualmente destinada aos retiros espirituais. Esta casa seria em parte usada pelo grupo das inovadoras como base logística da própria atividade missionária; os espaços deixados livres podiam, ao contrário, servir

para hospedar pessoas que vinham para dias de retiro espiritual, animados pelas irmãs mais tradicionalistas. Os dois grupos poderiam ter, depois, momentos de encontro e de partilha das experiências recíprocas, além dos habituais momentos comuns para escolhas importantes da comunidade ou para as festas solenes.

4) Algumas duplas, finalmente, foram impelidas a pensar numa <u>coexistência das duas realidades e das duas visões</u> (SOL), procurando valorizar o melhor daquilo que cada linha propunha, minimizando as contra-indicações. E isto para evitar que a comunidade se fechasse sem se renovar e, também, para impedir a separação dos dois grupos. Queriam tentar manter, por um lado, a forte espiritualidade inscrita na tradição da congregação: um valor a ser considerado, não somente para as irmãs que nela se reconheciam, bem como para aqueles que freqüentavam a comunidade nos retiros; por outro lado, desejava-se ainda maior aproximação das pessoas, especialmente dos afastados da fé, que dificilmente teriam participado de um retiro de tipo tradicional, mas valorizavam as expressões alegres das missões populares: os cantos com o violão ou as representações do teatro de rua. A solução, portanto, seria a presença das duas possibilidades, com uma utilização melhor dos espaços e com uma promoção das atividades internas para a comunidade por parte das mesmas irmãs inovadoras, empenhadas externamente nas missões populares.

5) Façamos a paz

Discutindo juntas, com a coordenação do padre Salvador, as participantes se convenceram *a deixar de lado as soluções que não propunham uma evolução da situação inicial, porque não eram capazes de satisfazer os interesses das partes* e com o risco de uma volta aos mesmos problemas. As outras possíveis soluções foram, ao contrário, consideradas com atenção e se conseguiu, com sábio e minucioso trabalho, fazer entrar um pouco de tudo na solução final, que tentou inserir a inovação na tradição, unindo os elementos iniciais do carisma com aqueles que foram se desenvolvendo com o tempo, numa conciliação entre contemplação e ação que, em síntese, poderia se chamar "contempl-ação".

Praticamente se tratava de gastar um pouco de tempo (SOL) para elaborar essa solução conjunta. No entanto, algumas irmãs podiam já iniciar uma missão popular para os "afastados" e, sobretudo, idealizar novas formas de apostolado voltadas ao exterior e que envolvessem também a comunidade, e estarem disponíveis para acompanhar nos retiros espirituais as pessoas que precisassem. A responsabilidade da casa de retiros e das experiências mais inovadoras seria exercida conjuntamente pelas irmãs tradicionalistas e pelas inovadoras, que teriam de alguma forma a possibilidade de continuar o seu estilo de vida.

Irmã Ingrid e Irmã Maria pareciam realmente transformadas, como se a experiência tivesse tornado mais doce a primeira e mais tranqüila a segunda. Era realmente um bom começo. De qualquer forma, decidiram *se encontrar com o padre Salvador para avaliar a evolução da situação e fazer eventuais retificações*, sempre se referindo ao <u>carisma da congregação atualizado e às novas vocações</u> (CRI).

Além disso, decidiram adotar definitivamente aquela tipologia de oração e de canto que o padre Salvador propôs naqueles dias. De fato, esse tipo de oração se adaptava bem à tradição da congregação e agradava às irmãs mais jovens, além dos destinatários do trabalho apostólico, que consideravam assim mais compreensível a mensagem evangélica.

A solução global e essa linha de oração e de canto foram submetidas à atenção de Irmã Helena, feliz por saber que as suas irmãs conseguiram chegar a um acordo sem causar feridas dolorosas nem uma convivência carregada de tensão, mostrando-se capazes, ao contrário, de encarnar e testemunhar juntas o Evangelho, como as primeiras comunidades cristãs.

Tensões e contradições são normais na vida em comunidade, como também no íntimo de cada ser humano. O verdadeiro problema é como se vive e se administra o conflito, porque também, e principalmente, através da paz e da reconciliação se constrói o Reino de Deus.

Síntese

O conflito

Dois diferentes modos de entender e viver o carisma de uma congregação religiosa feminina: mais contemplativo para algumas irmãs, mais ativo e de serviço externo para outras.

Os passos aconselhados (sublinhados no corpo da história)

	IRMÃ INGRID	IRMÃ MARIA
POSICIONAMENTO	Tradição, contemplação.	Inovação, serviço.
MOTIVAÇÕES (AS REAIS NECESSIDADES)	Querer manter tudo como está.	Mais coerência evangélica.
REFERENCIAIS (OS INTERESSADOS)	O grupo tradicionalista.	Inovadoras, jovens, noviças.
ALTERNATIVAS (SE NÃO HOUVER ACORDO)	Permanecer assim a todo custo.	Sair da congregação.
EMOÇÕES	"Não sirvo mais." Rigidez.	Frustrada, desorientada.
CRITÉRIOS COMPARTILHADOS	História do carisma da congregação, novas vocações.	
A SOLUÇÃO	Combinação de interno e externo. "Contempl-ação".	

As técnicas utilizadas pelo terceiro (em itálico no corpo da história)

1) Para começar (na fase inicial do processo):

- Entrar em sintonia com o clima do lugar/das pessoas.
- Favorecer o desabafo de todas as pessoas presentes, dentro de alguns limites (também em 3).
- Destacar paralelismos entre precedentes notáveis e atualidades.
- Pedir a cada parte que expresse francamente sentimentos e emoções (também em 2).
- Construir alguma coisa também com o potencial negativo (também em 3).
- Não obrigar a participação de pessoas que se sentem neutras.

2) Aprofundamentos (com cada parte ou sobre cada argumento):

- Envolver as partes com exercícios práticos de colaboração.
- Favorecer a união e a harmonia em momentos difíceis (também em 3).
- Sugerir a elaboração de possíveis soluções em duplas "complementares" (também em 4).

3) Pontos críticos (aos quais é dada atenção especial):

- Levar ao reconhecimento de uma visão diferente da própria, colocando-se no lugar do outro.
- Animar os grupos para que superem bloqueios emotivos e comunicativos.

4) Vamos aos finalmentes (concretizar as soluções possíveis):

- Não fornecer soluções, que podem vir somente da iniciativa das partes.
- Reelaborar, no fim, soluções "micro", repropostas no nível "macro".
- Sugerir a elaboração de diversas opções, e escolher as mais viáveis.
- Deixar de lado soluções que não satisfaçam os interesses de todas as partes.
- Reencontrar-se com o mediador para avaliar as evoluções e, no caso, retificá-las.

Segunda parte

Conflito e acordo na escola

Capítulo I

"A minha matéria é a mais importante!" (entre professores)

> Cada um dos elementos que evidenciam os "passos analíticos" está sublinhado e com os respectivos parênteses (depois é retomado sinteticamente no fim da história): *Posicionamentos* (pos); *As reais motivações* (mot); *Os referenciais* (ref); *As alternativas, se não houver acordo* (alt); *As emoções* (em); *Os critérios compartilhados* (cri); *A solução* (sol).
> A história, depois da descrição do conflito, é dividida normalmente em 5 fases, mas algumas podem faltar e outras ser repetidas. Portanto: O *conflito*; 1) *Para começar*; 2) *Aprofundamentos*; 3) *Pontos críticos*; 4) *Vamos aos finalmentes*; 5) *Façamos a paz*.
> As técnicas utilizadas estão em itálico.

O conflito

O diretor de uma escola técnica superior experimental se dirige a um facilitador para que ajude o conselho dos professores a chegar a um acordo satisfatório sobre como organizar o balanço de despesas extraordinárias para os anos seguintes, devendo apresentar o respectivo projeto ao Ministério. Há realmente uma diversidade de pontos de vista entre os professores: para alguns, é preciso dar prioridade à criação de um laboratório de línguas, outros privilegiam a construção de um refeitório escolar, outros ainda gostariam de melhorar o departamento de esportes da escola, implementando uma piscina.

No jornalzinho da escola, administrado pelos estudantes, apareceram várias vezes artigos dos professores que mais se distinguiram na defesa das tomadas de posição: o professor de inglês, especialmente, pontua sobre o laboratório de línguas; a professora de português e história defende o refeitório escolar; o professor de educação física, a piscina. A publicidade dada à polêmica, e de alguma forma "engrossada" pelos estudantes, acabou criando verdadeiros movimentos dentro da escola, com facções compostas pelos estudantes e pelos professores que tomam partido de um ou outro investimento e pelo respectivo professor que o defende.

1) Para começar

O facilitador chega ao conselho dos professores acompanhado pelo diretor, que havia anunciado a intervenção, e encontra uma atmosfera já bastante tensa.

Alguns professores estão visivelmente transtornados e dotados de volumosos fascículos de documentação. Outros estão absolutamente desinteressados, ou melhor, quase irritados por tudo aquilo que está acontecendo.

Depois de haver apresentado o profissional, o diretor pede a todos que *se apresentem, com o respectivo nome, matéria de ensino e grau de interesse sobre o sucesso do discurso que se está levando adiante*, de modo que todos possam logo ter um momento para expressar com clareza o que foi inicialmente manifestado de outras formas, mesmo pouco "ortodoxas". No fim, o facilitador *agradece e pede que haja acordo sobre o fato de que três professores, que apóiam três respectivos projetos, possam falar representando os outros*, mas existe, de qualquer maneira, a possibilidade de cada um interferir livremente, dando sua opinião.

O acordo é aceito e começa com a premissa fundamental, apoiada por um pedido particularmente eficaz do diretor, de *não se interromper os outros enquanto falam*, não somente por uma questão de educação, mas, sobretudo, *para ouvir realmente tudo o que os outros estão expressando, em vez de pensar sozinho em como contestar, ponto por ponto, aquilo que está sendo dito*. Poderá haver idéias diferentes, talvez incompatíveis com a própria, mas nem por isso ilegítimas. *Não está dito que as opiniões dos outros devem ser aceitas, mas certamente devem ser compreendidas para que se possa chegar a uma solução que não seja imposta* com autoridade pelo diretor, como faria o juiz num processo.

2) Aprofundamentos (com todos os grupos)

A professora de português começa: "Tivemos paciência até hoje, esperando que os outros entendessem o quanto é <u>essencial para os alunos terem um refeitório dentro da escola, porque muitos estudantes vêm de longe</u> (POS-MOT). O refeitório não somente seria uma comodidade para eles, mas <u>daria *status* à escola</u> (POS), que freqüentemente foi considerada referência pelas escolas da nossa cidade, especialmente pelas escolas técnicas, sobretudo por causa da atenção aos serviços oferecidos aos alunos. O refeitório permitiria, além disso, <u>deslocar algumas atividades para as primeiras horas da tarde</u> (MOT), evitando sobrecarregar as manhãs, que poderiam ser reservadas às matérias obrigatórias e teóricas, como a minha e de outros professores, sacrificadas em relação às matérias práticas, correndo o risco de ter que se fazer malabarismos para concluir os programas".

O professor de inglês intervém: "Para mim não se discute, e me parece representar a maioria dos alunos: <u>a falta de um laboratório de inglês é grave</u> (POS) para uma escola que sempre esteve no topo da lista, quando se trata de oferta de serviços aos alunos. Como todos sabemos, <u>o inglês já é uma língua fundamental e terá importância cada vez maior</u> (MOT) com o desenvolvimento da União Européia, da qual parece, sem dúvida, que se tornará a língua oficial. Além de tudo, boa parte da imprensa especializada que os nossos alunos lêem na biblioteca está em língua inglesa. Sabemos muito bem como é útil <u>aprender uma língua estrangeira de modo interativo</u> (MOT), mas isto os alunos não fazem em casa, supondo que disponham de instrumentos próprios: ou fazem na escola ou nada. Sem laboratório de inglês <u>estaremos sempre em último lugar no nível de conhecimentos lingüísticos</u>... (POS)".

O professor de educação física conclui: "<u>A matéria que eu leciono sempre levou a pior em todas as escolas</u> (POS) de qualquer grau. Certamente não estamos nos Estados Unidos, onde as atividades esportivas às vezes têm até um tratamento preferencial em relação a todo o resto! Mas o princípio *mens sana in corpore sano* (MOT), se não me engano, foi inventado pelos nossos progenitores latinos que, junto com os gregos, entenderam a importância do bem-estar físico para um bom rendimento mental. Além disso, como disseram os meus colegas antes, a nossa escola é apontada por todos como modelo: uma piscina <u>com uma equipe de natação seria a menina-dos-olhos, todos os alunos a querem</u> (POS), com maior razão agora que o Brasil, em competições mundiais, consegue resultados cada vez mais notáveis com os nossos nadadores".

Num primeiro momento, parece que os objetivos e os interesses das partes envolvidas e dos seus referenciais sejam incompatíveis, no sentido de que, quando se realiza um, não se pode realizar o outro, com relativa satisfação e insatisfação das partes envolvidas. O facilitador, além do mais, percebe que dificilmente poderá se encontrar separadamente com cada um dos professores porque, nesse meio tempo, a situação poderia degenerar dentro do conselho. A melhor coisa a fazer é *tornar todos conscientes do bem comum que deveria uni-los*, no caso específico: o bem da escola no seu conjunto, que deveria ser superior aos interesses particulares, sacrificáveis por um interesse maior, se compartilhado.

Para *criar pelo menos uma plataforma de compreensão recíproca*, o facilitador *propõe então fazer três grupos, cada um defendendo um dos projetos*; portanto, grupo "refeitório", grupo "laboratório de línguas" e grupo "piscina". Cada grupo é composto de defensores do projeto correspondente e, como chefe de cada grupo, é colocado o professor que apresentou a proposta. Os professores que não estão interessados em nenhum projeto particular podem escolher constituir o grupo de suporte ao facilitador ou ir embora, eventualmente deixando colegas representantes com o consentimento do diretor, dado que o processo poderia durar muito tempo e *é melhor deixar livres as pessoas que não estão interessadas no trabalho em questão.*

Para cada grupo foi atribuída a tarefa de *analisar a situação, procurando colocá-la acima das posições das partes.* Portanto: *listar objetivamente o que não convence na posição dos outros, na ótica do bem comum,* superior a todos os projetos e objetivos, e que é representado pela escola; *procurar desenvolver modos alternativos de atingir o objetivo que cada grupo se propõe,* independentemente do financiamento escolar. Supondo que isto seja possível, pelo menos por este breve período de tempo, cada um procurará *abstrair a convicção de que o próprio projeto seja necessariamente o objetivo que deve ser alcançado prioritariamente* com os recursos da escola. No final, o grupo de suporte do facilitador recuperará e reelaborará as informações, sob a orientação do mesmo, para propor ao conselho dos professores a solução, que será adotada somente em caso de acordo entre todos.

3) Pontos críticos

Grupo "refeitório"

O facilitador, depois de ter dado um mínimo de instruções ao seu grupo, para a uniformidade do processo, se dirige à sala na qual estão reunidos os defensores do "projeto refeitório", sob a chefia da professora de português, que logo afirma: "Não queremos dar a impressão de <u>estarmos suspeitando, mas achamos que os outros estão agindo de modo ambíguo</u> (em). Por exemplo, o professor de educação física <u>nos parece estar alterando os fatos</u> (em). Não é verdade que todos querem a piscina: nós acreditamos que ele esteja agindo por uma questão de prestígio pessoal, porque não conseguiu treinar a equipe de natação da prefeitura – que não está muito longe daqui – e agora quer ir à desforra criando um grupinho de competidores entre os nossos alunos. Para ele não interessa nada a sua formação, nem o serviço que a piscina poderia desenvolver em favor dos outros alunos. No que diz respeito ao laboratório de línguas, que honestamente também nos parece uma coisa válida, temos a impressão que o grupinho dos defensores tenha intenções duvidosas. De um lado, não dá para negar a importância da língua inglesa nos nossos dias; de outro lado, <u>achamos que há interesses particulares na realização desse laboratório</u> (em). De fato, foi apresentado o orçamento de somente uma empresa fornecedora, que teve também problemas financeiros, e que é do cunhado do professor de inglês que, entre outras coisas, é um simples suplente, substitui a professora da matéria, ausente por licença-maternidade... Está fazendo aquilo que quer; hoje está aqui, mas amanhã... quem sabe...".

O facilitador sugere *não se deter em acusações, talvez fundadas, mas unilaterais;* aconselha a "contornar o obstáculo" da falta de confiança, pedindo garantias oportunas que, no caso, poderiam ser representadas pela apresentação de outros orçamentos, para serem comparados com o único chegado até o momento e talvez escolhido com o auxílio de um consultor externo. Em relação ao grupo "piscina", e especialmente ao professor de educação física, poderiam agir de modo semelhante, ainda que sem exigir elementos tangíveis. Se há motivos para não acreditar na boa-fé, o que foi afirmado por eles deverá ser confirmado com suficiente clareza ou, então, se procede com uma desconfiança legítima.

A seguir, o facilitador pergunta ao grupo "refeitório" quais alternativas identificaram para poder satisfazer de alguma forma a necessidade que está na base da idéia do refeitório, portanto, <u>a comodidade para os alunos e para os horários</u> (MOT), se o mesmo não fosse feito dentro da escola. "Havíamos já pensado na alternativa", responde a professora de português, "dado que o refeitório comportaria de alguma forma problemas de armazenamento de matérias-primas, de administração da cozinha, de eliminação das sobras e de limpeza das louças. Poderíamos recorrer a <u>um serviço terceirizado</u> (ALT): este estaria disposto a nos fornecer as iguarias já prontas, para serem aquecidas, quando muito em simples fornos de microondas, e por isso seriam evitados todos os problemas citados antes e a escola faria somente o investimento para mobiliar uma sala com mesas e cadeiras, além de, naturalmente, armários onde guardar as vasilhas dos alimentos pré-cozidos. Ficaria o problema da limpeza das louças, a não ser que se optasse por usar apenas materiais descartáveis que seriam eliminados junto com as sobras, das quais a mesma empresa se encarregaria".

O facilitador *elogia a proposta clara e completa* e sugere, para não cair no erro atribuído aos defensores do laboratório de línguas, apresentar mais orçamentos de outras empresas de *terceirização* para a eventual prestação de serviços.

Grupo "laboratório de línguas"

Diretor e facilitador passam, portanto, ao encontro com os defensores do laboratório de língua inglesa, em que toma a palavra o professor suplente, objeto de suspeitas por parte dos defensores do refeitório. "Para nós é inaceitável o comportamento que os defensores dos outros dois projetos estão tendo conosco (EM): bem diverso do acordo entre os grupos, como queria o diretor! Serviram-se até do jornalzinho da escola para nos atacar pessoalmente e espalhar a hipótese de que há um interesse pessoal na realização daquele bendito laboratório. Ao mesmo tempo, porém, também os do refeitório reconhecem como ele é útil e necessário, ou melhor, admitem até que é uma grave falta não ter um até agora. Então, que sentido tem ameaçar (EM), e até mesmo controlar a proposta da empresa fornecedora, que conhecemos há muito tempo e que vende o material para mobiliar o laboratório a preços realmente vantajosos, se eles não conhecem de fato quais são as empresas que produzem aparelhos tão sofisticados e de vanguarda? Para não falar dos outros, os da piscina, que, nos parece, são inatingíveis (EM): estressaram-nos além do limite, adiando continuamente um encontro, que nunca se realizou. Provavelmente percebem a desproporção que há entre uma piscina e o laboratório de línguas, muito menos custoso e bem mais importante; para não dizer que, não muito distante da escola, há a piscina olímpica municipal... Algumas vezes, quando nos encontramos casualmente nos corredores, nos cumprimentam com grande cordialidade; depois, agem com indiferença e distanciamento, talvez porque tenham, como se diz, rabo-de-palha...".

O facilitador *lhes agradece também pela franqueza e com igual sinceridade* diz que, se não têm nada a temer, não deveria atingi-los minimamente tudo o que os defensores do "projeto refeitório" podem insinuar. Sugere-lhes, no entanto, eliminar qualquer dúvida sobre os seus interesses privados na realização do laboratório, ou seja, *contornar os ataques e as suspeitas propondo outros orçamentos e pedindo a um terceiro fazer a melhor escolha*. O professor de inglês retruca: "Mas que sentido existe em contratar outras empresas se já sabemos que esta tem a melhor relação qualidade/preço? E, depois, quem possui competência para escolher?", conclui, de alguma forma justificando as suspeitas...

E o diretor, dessa vez, intervém confirmando que, *justamente para afastar qualquer dúvida, a garantia mais oportuna é oferecer um leque de opções e fazer um terceiro escolher*. Poderiam pedir para um outro professor de inglês realizar a escolha, ou melhor, à professora titular da cadeira, atualmente ausente. O professor se cala, percebendo que somente assim não corre o risco de se meter em maus lençóis ou ser taxado de ter envolvimentos ilícitos. O facilitador, a essa altura, intervém aconselhando enfrentar os representantes do grupo "piscina" para pedir-lhes que *falem claramente e diretamente, evitando comportamentos ambíguos*. Ambíguos porque facilmente dão motivo para interpretações contrastantes, já que podem afastar qualquer dúvida encontrando-se com os outros grupos para avaliar uma possibilidade de acordo ou para excluí-la totalmente.

Passa-se, portanto, às alternativas de solução propostas pelo grupo. "<u>Não nos parece que há muitas alternativas</u> (ALT)", retoma o professor de inglês, "mesmo porque somos a única escola do nosso nível que não tem um laboratório de línguas, e isto parece paradoxal: a nossa escola está entre as melhores do gênero e não temos um laboratório de línguas! <u>Talvez a única alternativa seja estipular convenções com laboratórios externos</u> (ALT), mas imagino ser um pouco difícil organizar aulas fora da escola, com o respectivo problema de transporte e com perdas de tempo que depois recairiam sobre o desenvolvimento das outras matérias. Acreditamos realmente que a implementação do laboratório de línguas é inadiável. Depois se verá a quem confiar o encargo de fornecer os materiais, mas se for feito, deve ser bem-feito!".

Grupo "piscina"

Finalmente, o diretor e o facilitador encontram o grupo dos defensores da piscina, propondo novamente o esquema habitual: ser objetivo em relação aos outros grupos e dar alternativas para a própria proposta.

O professor de educação física toma a palavra: "Com os dos outros grupos não vemos a possibilidade de negociar um acordo, já que <u>nos parece que esnobam qualquer coisa que não se refere ao cérebro</u> (EM): eles são quase todos professores de matérias literárias ou similares, e nós somos aqueles ignorantes que se preocupam somente com o físico... Os defensores do grupo "refeitório" <u>nos dão a impressão de não-confiáveis e glutões</u> (ALT). Antes da questão do financiamento, propunham uma cantina onde se pudesse comprar sanduíches e salgadinhos: isto ia bem também para nós, porque uma refeição rápida para recarregar as energias entre as atividades físicas faz bem, e aqui na vizinhança não há nada. Depois, quando esse dinheiro entrou, começaram a fazer pedidos cada vez mais altos; falta pouco para proporem um restaurante com *menus* étnicos diferenciados... Quanto aos do laboratório de línguas, parece-nos que estão adotando uma <u>tática de auto-reclusão absolutista</u> (ALT): para eles ou se faz o laboratório ou não se faz nada. Não tentamos nem sequer encontrá-los, porque também não têm por nós nenhuma consideração. Não pensam, entre outras coisas, que de alguma forma algo deve ser feito: entre os três projetos, de algum jeito, um será escolhido; mas não está dito que será justamente o deles, e por isso a sua intransigência parece uma obstrução sem sentido".

O facilitador faz o grupo refletir sobre o *direito de cada um mudar a própria idéia* e sugere clareza e diálogo com os do laboratório, *manifestando explicitamente o que foi agora afirmado e propondo um diálogo verdadeiro*, que não seja somente uma formalidade visando apenas à rendição do outro.

No que diz respeito à alternativa por eles proposta para a construção da piscina dentro da escola, o diretor lembra a existência de uma piscina olímpica, administrada pela prefeitura, não muito distante dali (ALT). O professor de educação física retruca: "Naquela piscina só há incompetentes: existe uma equipe de talentos potenciais que não treina como deveria e, por isso, toda vez que se apresenta numa competição, é um fracasso retumbante! Se tivéssemos uma piscina, mostraríamos do que são capazes os nossos alunos...". O facilitador insiste: se a piscina é municipal, todos têm possibilidade de freqüentá-la, portanto, os treinamentos de um time de competição da escola poderiam ser feitos durante os horários livres, deixando os outros alunos irem à piscina se e quando quisessem. O professor não tem outra saída senão reconhecer a validade do argumento.

4) Vamos aos finalmentes

Neste ponto, todos os grupos deixaram claras as dificuldades de relação com os outros e as alternativas concretamente viáveis para satisfazer os interesses dos projetos defendidos por cada um.

O facilitador, com o diretor, encontra novamente os grupos num plenário. Observa que todos pensam que os outros estão de alguma forma usando táticas desleais de negociação. Cada um *demonstrou as próprias dúvidas em relação os demais, desmascarando as eventuais táticas* realmente colocadas em prática ou *explicitando um descontentamento com os outros*, levantando assim o problema para depois resolvê-lo concretamente.

É inútil, para o facilitador, acusar abertamente alguns deles de usar uma tática considerada ilegítima. Se, de fato, se colocam na defensiva, duas são as alternativas possíveis: ou se torna mais difícil para eles renunciar a essa tática, ou então a irritação pela acusação feita contra eles vai interferir nas relações futuras. *Quando se contesta uma tática, deve ser contestada enquanto tal; não há necessidade de atacar a pessoa e a sua integridade,* porque cada um pode ter as suas razões para se comportar de determinado modo, especialmente em questões que não dizem respeito à vida ou à morte de outras pessoas. As escalas de valores podem ser tantas quantas são as pessoas envolvidas.

Além disso, cada grupo foi convidado a expressar as alternativas de satisfação com relação aos *interesses que cada um quer defender* pelo <u>bem da escola</u> (CRI), que é o critério-base no qual se deve pensar, além, obviamente, do critério dos <u>limites de orçamento</u> (CRI). A alternativa, por exemplo, para o refeitório não poderia ser um <u>bar interno na escola</u> (ALT), que atenderia o interesse dos estudantes que vêm de longe e que poderiam permanecer à tarde para freqüentar outras aulas? Para o laboratório de línguas, se o interesse a ser satisfeito é o de fazer aprender melhor a indispensável língua inglesa, não seria possível enriquecer o corpo docente com <u>professores nativos ou com um laboratório menos pretensioso?</u> (ALT). E, finalmente, no que se refere à piscina, o princípio *mens sana in corpore sano* não poderia ser satisfeito com outras <u>práticas esportivas menos custosas e mais tangíveis</u> (ALT), como aulas de aeróbica no ginásio já existente na escola?

O facilitador, baseando-se no trabalho do grupo de apoio, nas informações e nas sugestões dos três grupos, propõe então três soluções para serem votadas, procurando contentar o melhor possível as exigências e os interesses que cada projeto entende satisfazer, na ótica do bem-estar da escola e dos alunos (CRI e REF). A escolha entre diversas opções por meio da votação é praxe em situações complexas nas quais são muitas as partes. O diretor está de acordo.

1) A primeira solução prevê a construção do refeitório, usando um serviço terceirizado. Aquilo que fosse economizado na instalação e na administração do refeitório poderia ser utilizado para criar um laboratório de línguas menos pretensioso que aquele inicialmente proposto e para adquirir ingressos para a piscina municipal, à equipe de natação.

2) A segunda contempla a construção de um bar em vez do refeitório, a criação de um laboratório de línguas mais sofisticado, com a condição de que sejam propostos mais orçamentos e a escolha da empresa seja feita por um terceiro, e a aquisição de ingressos para a piscina municipal.

3) A terceira prevê um bar, um laboratório mais simples e o aprimoramento das estruturas esportivas já existentes com uma piscina não-olímpica.

Todos os professores, já livres de preconceitos sobre os outros – também pelo simples fato de tê-los expressado objetivamente –, foi votam. A maioria dos votos foi para a primeira solução que, com o aval do diretor, será realizada o mais breve possível. Com efeito, desse modo, são satisfeitos todos os interesses apresentados pelos diversos grupos: o de oferecer aos alunos que vêm de longe a possibilidade de usufruir de um serviço que lhes permita permanecer na escola também à tarde, adiantando as atividades didáticas; o laboratório de línguas, pela exigência fundamental de aprender o inglês com maior facilidade, sem gastar muito e evitando os riscos de interesses particulares; e a possibilidade de ter uma equipe de competição de natação, mesmo com treinamentos fora da escola.

Síntese

O conflito

Desacordo sobre a destinação de um orçamento escolar entre diversos projetos concorrentes: um refeitório, um laboratório de línguas, uma piscina.

Os passos aconselhados (sublinhados no corpo da história)

	REFEITÓRIO	LABORATÓRIO DE LÍNGUAS	PISCINA
POSICIONAMENTO	Essencial para os alunos de longe e para conservar a boa fama da escola.	Falta grave! Não ficar em último lugar entre as escolas.	Educação física sempre preterida! Todos querem o grupo de competição.
MOTIVAÇÕES (AS REAIS NECESSIDADES)	Comodidade para os horários, praticidade para os estudantes.	Importância do inglês e método ativo.	*Mens sana in corpore sano.*
REFERENCIAIS (OS INTERESSADOS)	Alunos e diretor da escola.		
ALTERNATIVAS (SE NÃO HOUVER ACORDO)	Bar interno. Terceirização.	Professores nativos. Laboratório externo.	Outras disciplinas. Piscina municipal.
EMOÇÕES	Suspeita sobre outros; ambigüidades; dúvidas sobre intenções politicamente incorretas.	Comportamento inaceitável e/ou arrogância em relação aos outros.	"Zombam de nós, não são confiáveis, absolutistas!"
CRITÉRIOS COMPARTILHADOS	O bem da escola, orçamentos.		
DIVERSAS OPÇÕES PARA A SOLUÇÃO FINAL	Refeitório com terceirização. Laboratório simples. Ingressos para a piscina.	Laboratório completo. Não ao refeitório, mas sim ao bar. Ingressos para a piscina.	Melhorar equipamentos. Laboratório simples. Não ao refeitório, mas sim ao bar.

As técnicas utilizadas pelo terceiro (em itálico no corpo da história)

1) Para começar (na fase inicial do processo):

- Fazer que cada um se apresente e exponha o próprio grau de interesse.
- Agradecer e perguntar se alguns podem representar os grupos.
- Pedir que não interrompam os outros enquanto falam e escutem realmente o que dizem (não pensar em como contestar).
- Ressaltar o fato de que aceitar não é necessário para a solução, mas compreender sim.

2) Aprofundamentos (com cada parte ou sobre cada argumento):

- Tornar todos conscientes do bem comum, que os une.
- Criar uma plataforma de compreensão recíproca (também em 4).
- Fazer com que aprofundem cada projeto em cada grupo.
- Deixar livres aqueles que não estão envolvidos ou interessados (também em 1).
- Convidar à analise da situação, colocando-se acima das posições individuais.

- Orientar as partes a ser objetivas em relação ao que não convence nas posições dos outros (também em 3).

- Incentivar o desenvolvimento de modos alternativos de se conseguir os próprios objetivos (também em 4).

3) Pontos críticos (aos quais é dada atenção especial):

- Contornar a falta de confiança, oferecendo garantias oportunas.

- Convidar a uma explanação clara e sem ambigüidades, e elogiar quando isto acontece.

- Fazer com que se explicitem eventuais táticas percebidas como desleais, e conseqüentes descontentamentos.

- Sugerir que se evitem ataques pessoais.

4) Vamos aos finalmentes (concretizar as soluções possíveis):

- Enfatizar às partes que esquecer o próprio objetivo é prioritário.

- Fazer com que se desenvolvam alternativas de soluções, para serem submetidas à votação final.

- Propor uma seleção de diversas opções que satisfaçam interesses compartilhados.

Capítulo II

"Você poderia render muito mais!" (entre professores e aluno)

> Cada um dos elementos que evidenciam os "passos analíticos" está sublinhado e com os respectivos parênteses (depois é retomado sinteticamente no fim da história): *Posicionamento* (pos); *As reais motivações* (mot); *Os referenciais* (ref); *As alternativas, se não houver acordo* (alt); *As emoções* (em); *Os critérios compartilhados* (cri); *A solução* (sol).
> A história, depois da descrição do conflito, é dividida normalmente em 5 fases, mas algumas podem faltar e outras ser repetidas. Portanto: *O conflito*; 1) *Para começar*; 2) *Aprofundamentos*; 3) *Pontos críticos*; 4) *Vamos aos finalmentes*; 5) *Façamos a paz*.
> As técnicas utilizadas estão em itálico.

O conflito

Entre alguns professores de uma terceira série do ensino médio e um aluno, de nome Sandro, está havendo alguma tensão porque o rapaz, muito vivo e inteligente, não estuda mais como antes e não responde às perguntas, correndo o risco de ser reprovado. Ele está também criando problemas de ordem e de disciplina dentro da classe por algumas atitudes de isolamento para com os professores e companheiros, porque alterna de modo imprevisível momentos de irascibilidade e outros de introversão e mutismo.

Sandro, embora nunca tenha sido especialmente tranqüilo, nos anos anteriores conseguira um bom rendimento, também graças à sua inteligência, que compensava um estudo fraco e desordenado, e à sua capacidade de fascinar com sua personalidade agradável e sua sensibilidade. Também antes alternava momentos de extroversão e de luminosidade com períodos de isolamento e obscuridade. Agora, porém, parece que levantou um muro de hostilidade, fazendo mais de um professor se aborrecer, sobretudo aqueles que o apoiaram nos anos anteriores.

1) Para começar

Na escola leciona um professor de religião, um leigo consagrado, que trabalhou também na Inglaterra como especialista em mediação escolar, por conta de uma organização eclesiástica especializada que desenvolvia sua atividade tanto em paróquias – nas controvérsias entre fiéis e párocos, ou entre párocos – como em escolas particulares – nas controvérsias entre professores, entre alunos, ou entre professores e alunos.

Os professores primeiramente convocaram os pais de Sandro, na realidade somente o pai (REF), ao qual o rapaz foi confiado, desde que a mãe mudara para a Irlanda, seu país de origem, depois da separação do marido. O pai, porém, minimizou tudo o que foi dito pelos professores, porque, muito ocupado no seu trabalho de diretor de uma empresa, estava convencido de que o filho deveria caminhar sozinho mesmo cometendo erros, como ser reprovado de ano, para assim poder aprender com tal experiência. Ele mesmo começou o caminho que o levou ao sucesso depois de uma reprovação na escola...

Neste ponto, os professores decidem propor ao diretor a intervenção do professor de religião na qualidade de mediador e facilitador para a solução da desavença em relação a Sandro. O professor está disponível, embora um pouco perplexo devido ao fato de ser também ele professor de Sandro, e por isso não pode oferecer a necessária independência e neutralidade. O problema, de qualquer forma, é resolvido tanto porque não se está diante de uma mediação real (não se trata de uma controvérsia propriamente dita) como porque não está prevista remuneração pela intervenção do terceiro. Todas as partes envolvidas aceitam a intervenção daquele professor, no qual reconhecem indubitável preparação e seriedade.

Também Sandro viu com bons olhos a intervenção, por diversos motivos. Reconhece na Inglaterra um lugar onde é possível expressar individualidades um pouco fora do comum, e preza, portanto, um processo que se desenvolveu naquela terra. Além disso, encontrou no professor de religião uma pessoa de mentalidade aberta e de várias experiências, e o vê como um verdadeiro guia para enfrentar a vida, especialmente quando esta parece rigidamente pré-constituída na sua evolução, coisa que Sandro detesta.

Decide-se não dar excessiva publicidade ao acontecimento, considerado, no entanto, uma experiência piloto dentro da escola. Em caso de sucesso, a praxe conciliadora poderia ser inserida e de modo mais sistemático, para facilitar as relações entre alunos, tanto convidando especialistas externos como formando pessoal interno que, como o professor de religião, demonstre sensibilidade e aptidão para exercer esta delicada tarefa.

2) Aprofundamentos (com Sandro)

O professor de religião começa por Sandro, *aprofundando alguns aspectos da sua vida* que foram comentados durante as horas de aula, mas nunca examinados por falta de tempo e pela inoportunidade de enfrentar casos pessoais nas aulas abertas a todos. E certamente ao diálogo sobre isto se opôs também o comportamento de Sandro em relação aos companheiros.

O professor, antes de tudo, *pergunta a Sandro se a situação lhe causa dificuldade*, porque somente com a necessária serenidade se poderá resolver o problema referente à escola e eventuais outros problemas a ela ligados, na hipótese em que o fraco rendimento e os comportamentos de isolamento sejam efeitos de alguma outra causa, talvez totalmente independente da escola.

Sandro escuta atentamente, como costuma fazer com todos, especialmente com as pessoas que demonstram tratá-lo como homem e não como rapazinho, e responde clara e explicitamente: "Estou muito bem e estou de acordo, certamente! <u>Finalmente me é dada a possibilidade de expressar aquilo que sinto</u> (EM). Até agora, todos continuaram a me repetir que estava atravessando um momento passageiro, começando pelo meu pai, que está sempre muito ocupado com o seu trabalho. Com minha mãe me entendo um pouco melhor, mas ela está longe e pelo telefone não consigo facilmente explicar-lhe certas situações, portanto, finjo que tudo está como de costume. Ela conhece as minhas alterações de humor e não se espanta com isso. Eu <u>me</u>

sinto sufocado em situações de poder e imposição de esquemas iguais para todos (EM), como meu pai faz em casa e como os professores fazem na escola: não deixam que me expresse como gostaria! (POS e INT).

O professor de religião recorda que, durante uma aula, Sandro se irritou contra toda forma de autoridade que impõe do alto as suas ordens sem se preocupar com as necessidades ou com as aspirações dos interessados diretos. O rapaz sente, ao contrário, a necessidade de se expressar livremente, respeitando a liberdade do outro. O facilitador, neste ponto, lhe pergunta se os seus discursos podem ser entendidos como uma espécie de rebelião em situações nas quais outros são mais fortes e tendem a impor a sua vontade (EM). "Sim, é justamente assim", responde Sandro, mostrando-se à vontade ao se sentir compreendido. Mas em toda situação de vida há realidades difíceis de serem mudadas, recorda-lhe o professor. Muitas vezes, temos necessidade de nos proteger do poder, fazendo com que seja exercido sobre nós do modo mais suave possível. E pode-se também *procurar obter o máximo dos próprios meios e das próprias forças*, consciente das oposições, mesmo que fortes, ao encontro das quais se vai. Mas sempre coerentes consigo mesmos e com a própria escolha. No fundo, também Cristo, que pregou o amor e o serviço recíproco, para mostrar com a sua vida o amor de Deus, acabou contrapondo-se às autoridades do tempo que, com medo de perder o poder, decidiram matá-lo. De qualquer forma, justamente por meio da cruz, que ele aceitou com amor e em plena liberdade, houve a gloriosa libertação da ressurreição.

A reflexão do professor continua. Ele, Sandro, sempre demonstrou certa inquietação, provavelmente devida ao seu temperamento e às dificuldades familiares, mas que poderia também indicar uma insatisfação por aquilo que está fazendo, nas perspectivas que a escola lhe abre ou não. Poderia se sentir obrigado a seguir a sua verdadeira "vocação" e, por isso, se revolta com as figuras que lhe representam tal opressão – o pai, os professores... –, rejeitando o estudo e a colaboração. Sandro escuta e medita.

O professor lhe *propõe algumas técnicas de respiração capazes de relaxar* profundamente, técnicas por ele utilizadas na Inglaterra em casos de rapazes difíceis, que precisavam *tomar contato com as próprias raivas* e procurar compreender o próprio caminho. Faz com que Sandro se deite e respire profundamente por alguns minutos. Depois lhe propõe interrogar-se sinceramente e *escrever e desenhar, com a mão esquerda, as primeiras coisas que lhe vierem à cabeça* relativas à percepção da própria identidade e das próprias aspirações. Este exercício é particularmente útil: Sandro é destro, e soube que, enquanto o uso da direita é controlado pela racionalidade, o da esquerda é governado pela criatividade e pela emotividade. O rapaz se descreve como um cavalinho selvagem, praticamente indomável pelo homem que quer impor-lhe as rédeas, mas extremamente dócil e colaborador quando encontra cavalos semelhantes a ele, aos quais se une espontaneamente em grupo. Do ponto de vista das aspirações, Sandro concretizaria esta sua natureza livre e expressiva praticando atividades esportivas ou artísticas, como a pintura extemporânea ou a música, mas livremente, sem submeter-se a imposições externas.

O facilitador *reformula o que Sandro expressou*, especificando que todas as expressões por ele utilizadas para definir a própria natureza e a própria "vocação" pareceriam configurar um interesse, ou melhor, uma necessidade profunda de <u>liberdade e criatividade</u> (MOT). Ao mesmo tempo, lhe faz notar que todas essas aspirações comportam exercício e disciplina. Mas não é isto que apavora Sandro: a sua maior preocupação parece ser a de se sentir preso em jaulas que o <u>privam da sua liberdade, que reprimem a expressão de sua criatividade</u> (EM).

Além disso, o mediador *lhe confirma que as suas descrições foram muito completas e interessantes, mas o convida a adaptar melhor tais descrições à situação real*, para ajudar a <u>si mesmo</u> (REF) e aos outros professores a compreender qual o caminho que ele pretende seguir para se sentir mais autêntico e realizado. Sandro retoma: "Numa última hipótese, poderia deixar a escola (POS-ALT) e me dedicar a esportes radicais, alternando isto com a criação livre na pintura e na música. Poderia também viver na montanha, longe da confusão da cidade". O professor lhe faz notar que deixar a escola (ALT) poderia ser *uma última alternativa, se não conseguir satisfazer de outro modo as suas aspirações,* levando em conta a sua controvertida relação com a autoridade e o poder. Salientando, além disso, o fato de que, no futuro, poderia se arrepender.

Um discurso mais construtivo poderia ser feito pensando-se em eventuais opções que não sacrificassem nada, sempre que tais sacrifícios representem para Sandro uma resposta a algumas de suas necessidades, ainda que em termos indiretos. Sendo assim, a satisfação de certas exigências fundamentais dele combinaria com a conclusão de seus estudos. Sandro capta o nexo e parece se iluminar: "Como no filme *Karatê Kid*, em que o rapaz aprende os movimentos fundamentais da arte marcial fazendo trabalhos monótonos e repetitivos, como lavrar a terra ou encerar um carro!". O professor sorri e *lhe aconselha a refletir um pouco sobre isto, sozinho,* enquanto ele vai se encontrar com os outros professores para ouvir o ponto de vista deles, com base nas informações conseguidas de Sandro.

3) Pontos críticos
(no conselho de classe)

Os outros professores, reunidos para o conselho de classe, deixaram o exame da situação de Sandro para o encontro com o colega professor de religião, de modo a ter um quadro mais profundo sobre ele. <u>Muitos deles estão realmente aborrecidos</u> (EM) com o comportamento do rapaz ("É um ingrato e não soube aproveitar positivamente a boa vontade que lhe demonstramos!") e se sentem injustos em relação aos <u>outros alunos, companheiros de Sandro</u> (REF), aos quais não se deu tanta atenção ("É uma questão de justiça e de eqüidade!"). Poucos deles estão dispostos a apoiá-lo, mas <u>se sentem um pouco frustrados</u> (EM). Alguns consideram que uma reprovação poderia fazer bem ao rapaz. Todos, de alguma forma, estão convencidos de que <u>Sandro não rende o quanto poderia</u> (POS) e que o objetivo a ser conquistado seria o de <u>fazer a classe crescer homogeneamente</u> (MOT), embora respeitando a diversidade.

O facilitador *expõe com clareza a situação de Sandro*, em luta consigo mesmo para poder colocar para fora aquilo que até agora considera ter reprimido – a sua capacidade de expressão corpórea e artística – e em relação àquelas figuras, do pai aos professores, que sente como autoritárias, impositivas, a cujas decisões precisou se submeter, seguindo escolhas e métodos com os quais nem sempre concordou. Ele julga que Sandro seja uma pessoa realmente fora do comum, mas este dado objetivo do problema não deve condicionar os colegas; porém, na medida em que se é justo que <u>situações semelhantes sejam tratadas de modo semelhante</u> (CRI), pelo mesmo princípio <u>situações diferentes devem ser tratadas diferentemente</u> (CRI). Sugere, portanto, aos professores que *separem o relacionamento subjetivo com Sandro da questão objetiva*: <u>se alguém se sente frustrado</u> (EM) porque o rapaz parece não ter correspondido adequadamente à boa vontade demonstrada em relação a ele, *olhe a situação com mais desapego e objetividade*. Se investiram nele, não se pode de alguma forma esperar um rendimento positivo a todo custo; <u>é preciso também considerar a possibilidade de fracasso</u> (EM). Diferente é a questão da eqüidade, que diz respeito a uma abordagem objetiva com o resto da classe, e, por isso, na solução do problema será preciso levar em conta a diversidade de Sandro, mas também <u>evitar que essa diversidade signifique tratamento preferencial</u> (CRI): a solução do problema pode estar somente na solução das causas que o geraram, não na repressão dos efeitos, que deixaria todos insatisfeitos e criaria dificuldades posteriores.

4) Vamos aos finalmentes

O professor de religião pergunta aos colegas se, nessa ótica e com base nas exigências da classe, estão dispostos a produzir idéias que <u>levem em consideração também referenciais, que neste caso são os companheiros de Sandro</u> (REF). "Eu ainda acho que <u>deveria repetir o ano</u> (ALT)", sentencia o mais velho do conselho de classe. "No meu tempo não acontecia toda essa discussão, e quem não rendia na escola era reprovado; depois, na maioria das vezes o estudante se encaminhava!". O facilitador propõe *não se esconderem atrás de posições que, embora ditadas por uma experiência anterior positiva, talvez não correspondessem às reais exigências do aluno*; neste caso, ele poderia reagir até abandonando a escola, vista como expressão daquele poder que ele detesta, já que é cego às exigências daqueles sobre os quais se exerce. Contudo, a solução poderia, paradoxalmente, ter como desdobramento a expressão integral das capacidades extracurriculares de Sandro. Portanto, seria melhor *estimular outras possíveis soluções, evitando adotar limites insuperáveis* que bloqueiem a fantasia.

Um colega propõe: "Por que Sandro não faz aulas particulares? Poderia ser uma solução que permitiria satisfazer também as suas outras exigências, mesmo que com isto se corra o risco de isolá-lo ainda mais...". Um outro professor intervém: "Por que não <u>muda de escola e se matricula numa escola voltada para o ensino de artes?</u> (ALT). Lá pelo menos poderia expressar sua tendência artística, mesmo correndo o risco de encontrar professores que não conheçam sua história e que poderiam ter ainda menos boa vontade que nós neste momento". "Não", responde ainda um outro, "devemos <u>fazer de tudo para que Sandro permaneça e termine os estudos</u> (ALT), talvez evitando ser muito exigentes em relação a ele e fazendo-o expressar as suas capacidades...". Esta idéia foi acolhida favoravelmente por aqueles professores que apóiam Sandro.

O facilitador retoma esta última alternativa, que é também uma proposta de solução que considera digna de ser desenvolvida. Sublinha, de qualquer maneira, que *às vezes se comete o erro de ver globalmente as alternativas, pensando poder tomá-las todas contemporaneamente*. Neste caso, alguns colegas estão muito interessados em conservar o rapaz na escola, confundindo o seu real interesse com a necessidade de não se sentirem esmagados pelo peso do fracasso ou pela incapacidade de ajudá-lo de verdade.

O professor de religião, neste ponto, sugere aos colegas *estabelecerem um sinal de alerta, um limite insuperá-*

vel, além do qual a permanência do rapaz não seja mais admissível, não somente olhando o seu rendimento, mas também o relacionamento com os outros alunos e o justo tratamento que eles devem reservar a todos. Acrescenta, depois, que procurassem *obter o máximo dos seus meios*, tanto didáticos como relacionais, combinados com os meios do rapaz. "Estamos já no sinal de alerta" (pos), exclama um professor. "Além deste limite penso que a situação se torne incontrolável do ponto de vista relacional e realmente impossível do ponto de vista do rendimento." "Então", pergunta o facilitador, "admitindo por um momento que realmente chegamos ao sinal de alerta, quais os possíveis modos para evitar o rompimento?". "E se ele expressasse as suas capacidades artísticas e esportivas dentro da escola?" (sol), propõe uma professora. "Poderia dar vida aos muros externos da escola, que são cinzas e feios, com uma pintura extemporânea...". Esta proposta obtém o consenso da maioria dos colegas.

5) Façamos a paz

O professor de religião *retoma os termos da proposta que deve ser feita a Sandro*: permanência naquela classe do ensino médio (sol) com a possibilidade de expressar suas capacidades artísticas, repintando os muros externos da escola, e de traduzir de algum outro modo as suas exigências de liberdade (sol), talvez com o envolvimento dos colegas.

Sandro aceita a proposta, maravilhado e agradecido. "Não acreditava que chegassem a tanto. Posso realmente escolher aquilo que quero como objeto dos grafites?", pergunta. "Certamente, na medida em que não sejam ofensivos e vulgares, porque a própria liberdade termina onde começa a liberdade dos outros", pontua o professor de religião. E acrescenta que, à disponibilidade demonstrada pelos professores, é justo fazer corresponder um seu esforço no rendimento, também para superar uma situação de injustiça em relação aos outros alunos (cri).

Fala-lhe então da proposta, feita pelos mesmos professores, de traduzir as suas exigências de liberdade através de outras modalidades expressivas, talvez envolvendo outras pessoas, da mesma escola ou não. Sandro entende logo a oportunidade seguinte: "Gostaria que também outras escolas seguissem este exemplo. Por que não fazer um *site* na internet com as imagens das pinturas (sol) que vou fazer nos muros e propor uma discussão aberta com alunos de outras escolas no Brasil que sentem as mesmas necessidades?". A proposta poderia ser aceita, é a convicção do facilitador.

Sandro é convidado a falar ao conselho de classe ainda em curso. "Agradeço, realmente! Sinto-me compreendido e orientado com liberdade. Os senhores estão me dando a oportunidade de expressar as minhas exigências, como não consegui fazer nem mesmo em minha casa. Deixar um sinal daquilo no qual se crê é o sonho de todo artista", diz comovido.

Também os professores ficaram satisfeitos e o elogiaram pela idéia do *site* na internet. Poderia ser o começo de uma sadia e construtiva competição entre artistas que estão desabrochando ou, de alguma forma, entre pessoas que sentem necessidade de expressar a própria interioridade através da arte.

Síntese

O conflito

Dificuldades de expressão e de rendimento por parte de um aluno com grandes capacidades, mas com problemas de relacionamento com a autoridade e de respeito às regras e aos esquemas.

Os passos aconselhados (sublinhados no corpo da história)

	SANDRO	PROFESSORES
POSICIONAMENTO	"Não posso me expressar!" "Vou embora da escola!"	"Não rende o que pode!" "Já chegamos ao limite!"
MOTIVAÇÕES (AS REAIS NECESSIDADES)	Liberdade, criatividade.	Equilíbrio na classe.
REFERENCIAIS (OS INTERESSADOS)	Ele mesmo, o pai, os colegas.	Outros alunos, eles mesmos.
ALTERNATIVAS (SE NÃO HOUVER ACORDO)	Sair da escola.	Reprová-lo/favorecê-lo.
EMOÇÕES	Vontade de se expressar. Liberdade, não coação. Rebelião a imposições.	Alguns estão irritados. Alguns sentem que falharam. Alguns estão aborrecidos.
CRITÉRIOS COMPARTILHADOS	Situações iguais são tratadas igualmente, e vice-versa.	
A SOLUÇÃO	Permanência na escola, grafites nos muros, *site* na internet.	

As técnicas utilizadas pelo terceiro (em itálico no corpo da história):

1) Para começar (na fase inicial do processo):

- ✦ Aprofundar alguns aspectos da vida das partes (também em 2).

- Perguntar se a situação traz dificuldade à parte (também em 2).

2) Aprofundamentos (com cada parte ou sobre cada argumento):

- Conscientizar as partes sobre as reais possibilidades, sem falsas ilusões.
- Convidar ao relaxamento e ao contato com a raiva (também em 3).
- Fazer que as partes expressem suas aspirações mais profundas (também em 3).
- Reformular o que foi dito pelas partes, adaptando-o à realidade.
- Pedir que especifiquem os próprios interesses exaustivamente.
- Encorajar o desenvolvimento de opções que não sacrifiquem nada (também em 4).
- Levar ao entendimento também do nexo, se existir, entre sacrifícios e próprios interesses.
- Pedir que sejam consideradas as alternativas-limite como "última hipótese" (também em 3).
- Sugerir a reflexão sobre o que surgiu em discussões delicadas.

3) Pontos críticos (aos quais se deu atenção especial):

- Fazer com que separem o relacionamento subjetivo da questão objetiva (também em 2).

4) Vamos aos finalmentes (concretizar as soluções possíveis):

- Impedir que as partes se escondam atrás de posições ditadas por experiências diversas e passadas.

- Aconselhar que se veja cada alternativa em si, não globalmente.

- Conseguir o máximo com os meios disponíveis (também em 3).

- Convidar à busca de diversas soluções possíveis, sem limites insuperáveis.

- Evidenciar como também das posições rígidas pode nascer uma solução.

Capítulo III

"Você é um negro!" (entre alunos de nacionalidades diferentes)

> Cada um dos elementos que evidenciam os "passos analíticos" está sublinhado e com os respectivos parênteses (depois é retomado sinteticamente no fim da história): *Posicionamentos* (POS); *As reais motivações* (MOT); *Os referenciais* (REF); *As alternativas, se não houver acordo* (ALT); *As emoções* (EM); *Os critérios compartilhados* (CRI); *A solução* (SOL). A história, depois da descrição do conflito, é dividida normalmente em 5 fases, mas algumas podem faltar e outras ser repetidas. Portanto: *O conflito;* 1) *Para começar;* 2) *Aprofundamentos;* 3) *Pontos críticos;* 4) *Vamos aos finalmentes;* 5) *Façamos a paz.* As técnicas utilizadas estão em itálico.

O conflito

Pierre e Carlos freqüentam ambos o primeiro ano do ensino médio de uma escola pública no Sudeste do Brasil. Carlos é paulistano de várias gerações; Pierre se transferiu, alguns anos antes, com seus pais de um país africano para fugir da guerra, aproveitando a presença no Brasil de alguns parentes que haviam pedido asilo político. O pai de Pierre era engenheiro eletrônico no seu país de origem, mas no Brasil não puderam reconhecer o título de estudo. Conseguiu, de qualquer forma, ser admitido numa empresa local de componentes elétricos como simples operário. A mãe cuida dos filhos (além de Pierre, outros quatro, todos menores que ele) e, esporadicamente, faz alguns trabalhos informais, contribuindo na administração familiar.

Sua inserção no contexto brasileiro não foi simples, pelos motivos compreensíveis de língua e cultura diferentes. Não tiveram, porém, problemas para encontrar uma casa, porque os seus parentes foram admitidos numa empresa e tinham à disposição uma casa parcialmente reformada, onde havia lugar também para outra família. Também a entrada no Brasil foi facilitada por um amigo do pai de Pierre que, trabalhando na embaixada do seu país em Brasília, conseguiu agilizar o processo dos vistos.

No que diz respeito a Pierre, não teve traumas especiais na escola fundamental, já que se tratava de escola para filhos de estrangeiros: as diferenças de raça, povo, língua e religião eram normais, e os professores conseguiam bem mediar entre as crianças, até aumentando nelas a consciência positiva do interculturalismo e da abertura à diversidade que, certamente, constituiria um fundamento importante no seu crescimento. Mas a escola para estrangeiros se limitava, justamente, à elementar e à fundamental, nas quais agora estão matriculados os irmãos e as irmãs de Pierre.

Já há alguns meses o rapaz freqüenta o primeiro ano do ensino médio, e as dificuldades surgiram desde que colocou os pés na sala de aula. Carlos, ao lado de quem o professor do primeiro ano o havia feito sentar-se, pedira para mudar de lugar porque "o negrinho cheirava mal!...". Carlos não foi o único a tratar Pierre de modo ofensivo, mas, enquanto muitos outros, no decorrer dos meses, deixaram de se preocupar com ele e, apesar de episódios isolados de brincadeiras, deixaram-no em paz, Carlos parece ter o trabalho de <u>tornar impossível a vida do companheiro africano</u> (EM). De nada valeram as advertências dos professores quando tomaram consciência da situação. Na realidade, na maioria das vezes, Carlos e um par de outros seus "fidelíssimos" colegas de maldades organizam brincadeiras mais pesadas às escondidas ou fora da escola, antes ou depois das aulas.

"A situação agora ficou preta!", "Você é um zulu", "Volte para o lugar de onde você veio": estão entre as frases mais comuns dirigidas a Pierre, acompanhadas de brincadeiras habitualmente inocentes entre rapazes (pegar a mochila e escondê-la, sujar o lanche, jogar pela janela cadernos e livros...), mas que feitos com Pierre tornam a situação especialmente desagradável. Rapaz sensível (EM), pequeno de estatura e com olhos muito vivos, ele procura suportar as provocações; às vezes explode, mas nunca reage, seja porque é minoria, seja porque esse tipo de comportamento não lhe convém, nem por caráter nem pela cultura.

O paradoxo é que às vezes Carlos exige que Pierre – muito bom na escola pela sua inteligência viva – lhe passe cola (EM) para os trabalhos em classe ou em casa, ameaçando-o com mais violência. Entre outras coisas, não haveria nem motivo para ameaçar retaliações, porque Pierre não responde aos conflitos (EM), ao contrário, espontânea e naturalmente procura ajudar os seus companheiros quando lhe pedem, mesmo que sejam os seus habituais "atormentadores". Certamente lhe acontece chorar de vez em quando, sozinho, sem deixar que seus pais vejam (REF), porque é um rapaz valente e sensível e não quer causar-lhes maiores preocupações. No entanto, sente o peso da injustiça sofrida (EM).

1) Para começar

A professora de português de Pierre e de Carlos é uma simpática sexagenária que veio do Nordeste. Também ela fora vítima de atitudes "racistas", quando se transferira para São Paulo depois de passar no concurso para a cadeira, há vinte e seis anos. Numa vez que surpreendeu Pierre especialmente triste, o incentivou a falar, vindo a saber tudo aquilo que Carlos lhe infligira desde o começo do ano escolar, com cumplicidade de <u>alguns companheiros</u> (REF) e no silêncio dos outros. Decidiu então intervir, mesmo indiretamente, porque já vira fracassar as tentativas de outros colegas, e também suas, de corrigir esses comportamentos; além disso, sabe que não é com a repressão do alto que certos modos de agir deixam de existir, quando muito se tornam mais escondidos. Pensa, então, dirigir-se ao serviço de mediação intercultural, recentemente instituído pelo prefeito para fazer frente às inevitáveis situações conflitantes entre cidadãos estrangeiros e brasileiros.

Chega à escola uma mediadora intercultural que, como combinado, vai se ocupar inicialmente da relação entre Carlos e Pierre, para depois envolver os cúmplices de Carlos e eventualmente a classe toda. O objeto da mediação diz respeito, em primeiro lugar, mais a uma questão de relacionamentos pessoais do que a problemas objetivos, na presença de um contraste aberto em que uma parte, Carlos, <u>continua a atacar</u> (EM), enquanto a outra, Pierre, continua a sofrer sem contra-atacar, com o risco de perder aos poucos a confiança nos outros, especialmente nos seus companheiros brasileiros (REF). *A mediadora explica* à professora e aos outros colegas que apoiaram a iniciativa *as características da sua intervenção, que procura equilibrar os aspectos irracionais do relacionamento entre os dois companheiros, facilitar a comunicação e aumentar o grau de confiança, de compreensão e de aceitação, usando também a persuasão, mas nunca a coerção.*

2) Aprofundamentos e
3) Pontos críticos

Com Carlos

A mediadora encontra Carlos e *o convida a expressar os motivos que o levam a atacar o companheiro africano, sem, por isso, fazê-lo sentir-se julgado ou contestado por ela.* Sabe muito bem, de fato, que neste caso Carlos se fecharia e não permitiria que ela sondasse os motivos do seu comportamento. O rapaz responde: "Os meus pais sempre disseram que os estrangeiros tiram o trabalho dos brasileiros, trazem doenças, drogas e violência (POS)".

A senhora *procura levar Carlos para a razão, redimensionando extremismos e generalizações,* e pergunta ao rapaz que tipo de trabalho fazem os seus pais e se ele, os seus familiares ou os seus amigos foram alguma vez contagiados ou então sofreram alguma violência ou agressão por parte de estrangeiros. Carlos responde: "Os meus pais são operários numa fábrica de eletrodomésticos, onde trabalham também muitos estrangeiros". No que diz respeito a eventuais doenças contraídas ou violências sofridas, afirma com raiva: "Mataram o irmão do meu melhor amigo!". A mediadora não se descompõe, mas *pede que lhe conte exatamente como os fatos aconteceram.* Carlos retoma: "Aqueles porcos negros venderam ao irmão do meu melhor amigo a droga que o matou!".

A mulher compreende que o rapaz precisa <u>redimensionar medos infundados e confiar naquilo que não conhece</u> (MOT-EM). Ela o incentiva, portanto, a *construir com Pierre um modo novo de ver os outros* – especialmente os estrangeiros –, *renunciando aos preconceitos e aos lugares-comuns.* Pergunta-lhe, portanto, se está realmente certo de que aqueles fornecedores eram estrangeiros e se tem conhecimento de trabalhadores brasileiros dispensados por causa de estrangeiros. A resposta de Carlos é negativa para ambas as questões. Mas, no nosso país, insiste a mediadora, ninguém pode ser condenado se a sua culpa não foi provada e, embora algum estrangeiro tenha sido reconhecido culpado por venda de droga, a maioria dos vendedores de droga é infelizmente brasileira, e muitas vezes se trata de jovens que passam droga por causa de dinheiro ou para fornecer, por sua vez, outras doses. Além disso, a grande maioria dos estrangeiros, aqui entre nós, exerce trabalhos muito duros, que os brasileiros não querem mais fazer.

como administrar os conflitos e vencer... juntos

A mediadora *comprova tudo aquilo que afirma* com artigos de revista e jornais que trouxe especialmente para tornar mais críveis as suas palavras. E, de fato, Carlos fica muito tocado com isso. Antes de concluir o encontro, propõe-lhe alguns *jogos de atuação, convidando-o a se colocar no lugar que normalmente é de Pierre*. Carlos, inteligente e sensível, comove-se muito por se encontrar na situação de um rapaz continuamente zombado e marginalizado; está, portanto, num <u>estado emotivo decididamente menos leviano, convencido de que suas razões não tinham nenhum fundamento senão na ignorância</u> (EM).

Neste ponto, a mediadora intercultural *propõe a Carlos refletir e lhe dá para ler* outros artigos que trouxe consigo e *uma lista de atitudes éticas que se deve ter*, quando se quer ser um homem verdadeiro:

1) Ninguém tem a verdade toda, mas apenas uma parte.

2) Nunca acusar ninguém antes de estar seguro disso.

3) Também os culpados têm direito de ser compreendidos, e isto não significa aceitar ou justificar os seus comportamentos.

4) Não jogar os próprios medos em cima dos outros, especialmente se são diferentes de nós.

5) As reações violentas que alguém diferente pode provocar em nós são sintomas de que em nós mesmos há alguma coisa de profundo que quer se expressar ou que deve ainda amadurecer.

Neste ponto, a alternativa é: <u>continuar assim como está ou tornar-se um indivíduo adulto e maduro</u> (ALT).

Com Pierre

O encontro seguinte é com Pierre, a quem a mediadora cumprimenta por não responder às provocações contínuas de Carlos e dos outros companheiros, a quem, além disso, procurou sempre ajudar nos trabalhos escolares, demonstrando assim ser um rapaz forte e generoso, e que já sabe se comportar como adulto equilibrado. Depois lhe explica que, nos cursos de negociação, os professores ensinam a distinguir o modo como cada um pode tratar os outros diversamente de como os outros o tratam, e a considerar racionalmente a aparente irracionalidade do outro. O problema existe quando, mesmo que uma pessoa tenha uma atitude de racionalidade e equilíbrio para com aquele que o provoca ou que se mostra irracional, esse outro exagera ou não cessa de provocar, como nos ensinam muitos exemplos das nossas vidas pessoais ou da história. "Como o que aconteceu por causa da contínua presunção de

Hitler, que foi aceita pelos outros Estados europeus até que ele exagerou a ponto de fazer estourar a Segunda Guerra Mundial!", exclama Pierre, que estudou avidamente a história já no ensino fundamental, porque o apaixona demais.

A mediadora, orgulhosa por falar com um rapaz tão esperto e perspicaz nas suas colocações, lhe confirma que a comparação está certa e que contém uma lição para os negociadores assim chamados "pacíficos": *ceder às pressões de outros, em nome de um relacionamento que gostaria de manter a todo custo, pode não ser a escolha mais adequada*. Freqüentemente, de fato, aquele que tem pretensões discutíveis ou às vezes absurdas, como Hitler, quer realizá-las a qualquer custo (Hitler teria agido impositivamente ou usado a força se não tivesse encontrado logo disponibilidade dos outros Estados europeus: de fato, bastou essa disponibilidade acabar, para a ação de Hitler passar a ser marcada pela violência e pela prepotência). Portanto, o comportamento de Pierre de continuar a ser condescendente (POS) poderia não ser oportuno. Referindo-se ao exemplo dado, não é produtivo continuar a ceder e ser disponível, como Pierre fez até aquele momento em relação a Carlos e aos outros colegas que o ofenderam, porque poderia convencê-los de que é o modo certo de tratar uma pessoa vinda de outro país, de cultura e raça diferentes. Mas também não seria oportuno que Pierre reagisse às provocações de Carlos, que provavelmente agiria de modo ainda mais violento. Então, dado que o interesse real de ambos é o de freqüentar a escola tranqüilamente (MOT), poderia ser *útil e construtivo fazerem alguma coisa juntos para se conhecerem mutuamente* e desenvolver uma confiança recíproca através da comunicação.

Aquilo que levou Carlos a ofendê-lo, explica a mediadora, é uma série de preconceitos e de medos que o leva a ver, nos estrangeiros, inimigos para os brasileiros. A história ensina que isto acontece com quase todos aqueles que emigram, especialmente com as pessoas mais pobres e fracas: também os brasileiros eram acusados de coisas horríveis e infundadas quando chegavam aos Estados Unidos ou Europa. Se, portanto, Carlos pensa – como infelizmente alguns adultos – que os estrangeiros trazem doenças ou drogas, ou roubam trabalho dos brasileiros, a melhor maneira de agir é *esquecer esses preconceitos e realizar alguma coisa de construtivo juntos*, modificando assim um relacionamento que atualmente destrói ambos. É oportuno, porém, considerar também a possibilidade de que esta solução não consiga os resultados esperados e *pensar em possíveis alternativas se a situação não melhorar*, sobretudo se Pierre não conseguir mais manter o seu comportamento, decididamente responsável e não-violento, e começar a reagir de modo imprevisível.

Pierre intervém com a habitual perspicácia: "Aprendi um provérbio que diz: se você não pode vencer a guerra, lute pelo menos pela paz. Mas na África se diz também: na savana, quando você acorda, se você é um animal carnívoro, deve correr para agarrar a sua caça, caso contrário morre de fome; se você é um animal herbívoro, deve correr para não ser agarrado. Eu sinto que pertenço ao segundo grupo, e por isso a alternativa para mim seria <u>ir para uma outra escola</u> (ALT), mesmo percebendo que lá poderiam surgir problemas semelhantes".

4) Vamos aos finalmentes e
5) Façamos a paz

A mediadora encontra novamente Carlos, que parece ter feito um bom trabalho com as leituras e as reflexões sobre o material que lhe deixara. O rapaz ficou impressionado especialmente com o projeto que uma organização internacional lançara alguns anos antes para oferecer oportunidades de crescimento a rapazes de diversas nacionalidades. Eles tinham vivido de países em luta e desenvolveram dinâmicas conflitantes: tratava-se de americanos e russos no tempo da Guerra Fria, ou ingleses protestantes e irlandeses católicos, ou palestinos e judeus, separados pela velha questão dos territórios ocupados. O projeto previa que duplas de rapazes "dissidentes" trabalhassem juntos em hortas, para que aprendessem a se conhecer e a confiar uns nos outros; freqüentemente visitavam os países dos seus respectivos colegas.

Carlos admite: "Fiquei muito impressionado com aquela experiência, também porque sou um apaixonado pela história" – fato que a mediadora logo anota mentalmente como um elemento a ser desenvolvido, por ser este também um interesse de Pierre – "e de guerras, especialmente as contemporâneas; por isso, mesmo que me pareça difícil que tais experiências consigam modificar o curso dos acontecimentos, estou, todavia, convencido de que os rapazes podem mudar o seu modo de pensar". Estas reflexões são para a mediadora uma confirmação: Carlos não está tão longe de ver as coisas de modo novo, especialmente naquelas situações que lhe incutiam um temor injustificado e às quais respondia de modo negativo, como no relacionamento com Pierre. Foi suficiente o estímulo certo no momento certo...

A mediadora *congratula-se por este salto de qualidade*. Encontra-se, então, com a professora de português, que leciona também história, para lhe propor <u>lançar um desafio no campo das pesquisas históricas</u> (sol), em que a nota será proporcional a um trabalho de pesquisa levado adiante conjuntamente, assim Pierre e Carlos podem logo experimentar juntos um trabalho construtivo (SOL). Além disso, encontra os outros professores defensores da iniciativa, para propor a idéia da horta (SOL), que poderia ser feita não somente pelos dois rapazes em questão, mas também por todos os outros alunos da classe, para se conhecerem melhor e desenvolverem cada vez mais sentimentos de confiança recíproca. A proposta foi acolhida com entusiasmo.

Alguns estavam ainda céticos. Certamente, a solução pode não dar certo e servir somente para superar o momento difícil. E está também claro que, se voltássemos ao ponto de partida, seria preciso pensar seriamente numa transferência de Pierre para outra escola (ALT). A ocasião, porém, era propícia para fazer surgir elementos de preconceito infundado e propor novas modalidades de abordagem às pessoas "diferentes", como elemento de crescimento e de amadurecimento (MOT). Finalmente, estimula alguns professores a gerar idéias novas para monitorar a situação e propor outras possibilidades de desenvolvimento, pelo menos para quem é interessado e sensível.

De fato, nasceram diversas iniciativas: encontros culinários interculturais, intercâmbio de conhecimentos sobre países distantes e pouco conhecidos, artigos no jornalzinho da escola dedicados a esses assuntos e envolvimento das comunidades estrangeiras presentes na região.

Síntese

O conflito

Atos de bulismo numa escola de ensino médio por parte de um grupo de jovens brasileiros, liderados por Carlos, contra um companheiro africano, Pierre.

Os passos aconselhados (sublinhados no corpo da história)

	PIERRE	CARLOS
POSICIONAMENTO	Muita condescendência? Resignação.	"Os estrangeiros trazem violência, drogas, doenças e tiram trabalho".
MOTIVAÇÕES (AS REAIS NECESSIDADES)	Vida tranqüila na escola.	Menos raivas e medos. Abertura para a diversidade.
REFERENCIAIS (OS INTERESSADOS)	Família, companheiros.	Grupo de companheiros.
ALTERNATIVAS (SE NÃO HOUVER ACORDO)	Mudar de escola.	Continuar assim ou amadurecer.
EMOÇÕES	Sente a injustiça sofrida, é sensível, talvez desconfiado.	Atrevimento, prepotência por medos e preconceitos.
CRITÉRIOS COMPARTILHADOS	Dois jovens, ambos estudantes da mesma classe.	
A SOLUÇÃO	Trabalho construtivo juntos: pesquisas históricas, cuidar de uma horta...	

As técnicas utilizadas pelo terceiro (em itálico no corpo da história)

1) Para começar (na fase inicial do processo):

- Explicar aos contendores as características da própria intervenção.
- Pedir que expressem os motivos do comportamento recíproco.
- Aconselhar que não julguem nem contestem os diversos aspectos, mesmo se desprezíveis (também em 3).
- Procurar levá-los à razão, redimensionando os extremos.

2) Aprofundamentos (com cada parte ou sobre cada argumento):

- Levar as partes a contar como as coisas aconteceram exatamente.
- Estimular um novo modo de ver os outros, além dos preconceitos.
- Documentar aquilo que se afirma, para torná-lo crível.
- Deixar refletir, ler, meditar.
- Experimentar jogos de atuação, para cada um se colocar no lugar do outro.

- Fornecer indicações éticas, comportamentos maduros de referência.
- Elogiar atitudes de não-violência e/ou construtivas.

3) Pontos críticos (aos quais se deve dar atenção especial):

- Considerar racionalmente a aparente irracionalidade do outro, mas não muito.
- Sublinhar que nem sempre ceder às pressões do outro leva ao acordo certo.
- Convidar as partes a esquecer os preconceitos com fatos concretos e construtivos.

4) Vamos aos finalmentes (concretizar as soluções possíveis):

- Pensar em alternativas se a situação não melhorar (também em 2).
- Elogiar as partes por todo "salto de qualidade" (também em 1 e 2).
- Propor alguma coisa em comum, para se conhecerem e produzirem juntos.

Terceira parte
Conflito e acordo na sociedade

Capítulo I

"A casa é um nojo!" (entre inquilinos e proprietários)

> Cada um dos elementos que evidenciam os "passos analíticos" está sublinhado e com os respectivos parênteses (depois é retomado sinteticamente no fim da história): *Posicionamentos* (pos); *As reais motivações* (mot); *Os referenciais* (ref); *As alternativas, se não houver acordo* (alt); *As emoções* (em); *Os critérios compartilhados* (cri); *A solução* (sol).
> A história, depois da descrição do conflito, é dividida normalmente em 5 fases, mas algumas podem faltar e outras ser repetidas. Portanto: *O conflito*; 1) *Para começar*; 2) *Aprofundamentos*; 3) *Pontos críticos*; 4) *Vamos aos finalmentes*; 5) *Façamos a paz*.
> As técnicas utilizadas estão em itálico.

O conflito

João é um estudante universitário de uma cidade do Centro-Sul do Brasil e divide com dois colegas um apartamento alugado, cuja proprietária é a senhora Beatriz, que mora no apartamento vizinho. João foi o primeiro a encontrar esse apartamento, não em ótimas condições, mas num estado decente e bastante próximo à universidade. Não foi, portanto, para ele, difícil arranjar dois colegas para dividir o apartamento. Assim, o contrato foi estipulado – mas não registrado – com um aluguel mensal total de 600 reais, além das despesas para os consumos e um sinal adiantado de dois meses. Estabelecera-se também uma revisão do contrato caso fosse preciso fazer alguma manutenção no apartamento.

Depois de dois anos de locação, alguns problemas entre dona Beatriz e João, referentes aos inquilinos do apartamento, surgiram. Tudo explodiu quando a proprietária pediu o aumento do aluguel, que estava invariável desde o começo, justificando essa modificação devido ao aumento do custo de vida. João lhe respondeu que alguns colegas pagam a mesma importância que ele há dois anos e alugam apartamentos bem melhores, e que o custo de vida aumenta também para eles.

Vendo-se contrariada na sua tentativa, dona Beatriz procura se apoiar no estado de manutenção da casa: "Vocês reduziram o apartamento a uma sujeira, é realmente uma indecência!"; mas João contra-ataca: "A casa já estava nesse estado e precisava de pelo menos uma demão de tinta quando foi alugada". A mulher arranja outro argumento: protesta contra o barulho que vem da casa deles, que diz aumentar cada vez mais, tanto de dia com a música a todo volume, como de noite quando eles chegam das noitadas. João nega tudo, e até observa que são particularmente tranqüilos. Nesta altura, a proprietária lembra o cumprimento do contrato: "Tenho sempre de pedir o dinheiro no vencimento, porque vocês nunca vêm pagar espontaneamente!". João observa que lhe paga o aluguel logo que é cobrado. E acrescenta: "Eu é que deveria reclamar, porque a senhora entra em casa quando nós não estamos". Mas ela minimiza: "Isso aconteceu apenas algumas vezes e por motivos justificados, quando percebi um cheiro de gás ou barulhos estranhos, sabendo que vocês, rapazes, estavam na escola ou fora de casa".

A questão corre o risco de descambar, também porque ambas as partes esconderam os verdadeiros interesses que estão por trás das posições assumidas. João, realmente, encontrou um apartamento mais bonito e novo, mas distante da universidade, e os seus dois colegas não querem se mudar; dona Beatriz está pensando em vender o apartamento, porque a pensão que recebe é insuficiente para ela viver dignamente e está interessada em comprar uma casinha no lugar onde periodicamente vai fazer os seus tratamentos termais. Essa localidade tornou-se moda, e os preços de hotéis e restaurantes subiram às alturas: portanto, ou aumenta o aluguel para cobrir as despesas que tem durante a sua permanência na cidadezinha termal, ou então compra uma casa lá, evitando assim também os problemas relativos aos inquilinos e à manutenção da própria casa.

Entre dona Beatriz e João criou-se um muro e, por isso, cada um repete as suas lamentações ou contraria as pretensões do outro sem se importar com as coisas que estão por trás das palavras. Parece impossível pensar em discutir tranqüilamente sobre os interesses que cada um tem em mente, além das tomadas de posição. Uma vez, João chegou até a ameaçar denunciar que as instalações elétricas e de gás não estavam de acordo com as normas legais, bem como apontar ao fisco as reais importâncias cobradas pelo aluguel do apartamento.

Com esse ataque a proprietária ficou um pouco desorientada: está consciente de não poder expulsar os rapazes de casa nem iniciar um processo de despejo, que significaria se autodenunciar pela evasão provocada. A única defesa que pode apresentar é a ameaça de reter os 1.200 reais recebidos em adiantamento como compensação pelos prejuízos que os rapazes poderiam causar no apartamento.

1) Para começar

Dona Beatriz se lembra de, uma vez, ter contatado uma associação de proprietários imobiliários que lhe havia dado assistência na controvérsia com uma família inadimplente de inquilinos, situação que depois terminou bem. Na renovação da inscrição na associação, ganhara alguns serviços, entre os quais a possibilidade de recorrer a uma mediação gratuita, em caso de controvérsia com algum inquilino. Sem demora, portanto, dirige-se à associação, onde encontra um funcionário que a repreende por ainda não ter registrado o contrato, fazendo com que ela se envergonhe (REF). Depois a inscreve novamente na associação.

A cota de inscrição aumentou um pouco com os anos, mas vale sempre a pena, sobretudo agora que se apresentou a situação de necessidade. Por isso, a senhora pede logo a intervenção do mediador. Como em outros processos de conciliação e de mediação administrados por terceiros, que ajudam duas partes na solução de alguma controvérsia, a associação se preocupa em contatar diretamente os inquilinos de dona Beatriz. Especialmente João que, em nome também <u>dos outros dois estudantes</u> (REF), a aceita de muito boa vontade, também para conhecer um processo que ele, estudante de direito, vira um tanto distraidamente na universidade.

As duas partes se dirigem então à sede da associação, onde foi marcado o encontro, depois que João assinou a aceitação da tentativa de conciliação, gratuita para ele e para os outros inquilinos (REF). O mediador *explica as características fundamentais da tentativa que estão para começar*, mesmo que as partes não sejam totalmente desconhecedoras do processo, como acontece freqüentemente. Portanto, *retoma tudo o que ambos escreveram nas respectivas fichas de pedido e aceitação da tentativa de mediação, e lhes sugere pedirem desculpas recíprocas* por aquilo que expressaram até aquele momento e *demonstrarem boa vontade em relação ao outro*. O elemento básico ao qual *as partes devem se ater é a igualdade das gentilezas*: é oportuno, então, que elas mesmas estabeleçam se o mútuo dar e receber, no seu relacionamento, foi equilibrado e se pode continuar a sê-lo no futuro, talvez fazendo alguma modificação nos mesmos pactos.

O mediador fala, depois, de *interesses que precisam ser sondados, opções para serem desenvolvidas e critérios que podem orientar a decisão*, referindo-se a uma e a outra parte, porque o processo termina bem somente quando ambas estão satisfeitas. Se, porém, uma das partes fica com a idéia de ganhar o máximo possível em prejuízo da outra, é inútil procurar acordo; e se uma ataca continuamente a outra e tudo o que ela está afirmando, é inútil falar de tentativa de solução conjunta do problema. Aconselha-os, portanto, a se *concentrar naquilo que cada um pode fazer para evitar permane-*

cer escravo da própria posição, e sobre como ele mesmo pode ajudá-los a chegar a uma solução feliz da questão. Aconselha, especialmente, a *não criticar nem rejeitar a opinião do outro*, com o risco de que isto os distancie ainda mais; aconselha também a sondar o que está por trás daquela tomada de posição, *evitando interromper a resposta da outra parte*.

2) Aprofundamentos (com ambos)

O mediador se dirige primeiro a João para perguntar-lhe qual é a posição de dona Beatriz sobre o assunto. "Dona Beatriz continua a pedir-nos um <u>aumento do aluguel</u> (POS), embora saiba que por esse preço, em regiões semelhantes da cidade, podem ser encontradas casas mais bonitas e mais bem equipadas: isto <u>faz que nos sintamos tratados injustamente</u> (EM). Além do mais, visto que não pode nos impor o aumento, porque o contrato é irregular, <u>nos atormenta com todas as paranóias sobre a manutenção, sobre os atrasos no pagamento ou sobre a suposta balbúrdia que fazemos</u>" (MOT-EM). O facilitador recorda a João que *não deve acusar ou rejeitar essa posição*, que sinteticamente poderia resumir-se no pedido de dona Beatriz de ter um aumento do valor da locação, deixando de lado outras considerações. Se consideramos essa posição como uma tentativa sincera de responder às preocupações fundamentais de dona Beatriz, talvez seja o caso de ver quais são essas preocupações. Os interesses, de alguma forma, compartilhados entre a senhora e os rapazes dizem respeito à <u>manutenção da casa e ao aumento do custo de vida</u> (MOT), interesses que talvez possam ser satisfeitos de outra forma, sem o aumento do aluguel.

Para proceder sistematicamente, também para dona Beatriz foi feita a mesma pergunta dirigida a João. "<u>Os rapazes não aceitam o aumento, mas fizeram da casa uma sujeira!</u>" (POS), responde, <u>aborrecida e contrariada</u> (EM). "Tínhamos combinado que aumentaríamos o aluguel depois de certo período de tempo, quando a casa tivesse necessidade de manutenção. Mas eles <u>não se lembram mais do que foi combinado</u> (EM). Além disso, tudo está aumentando e <u>eu preciso aumentar os meus rendimentos</u> (MOT). Agora, eles estão me ameaçando pelo aluguel não declarado ou pelas instalações fora das normas...". E acrescenta que, quando acorda por causa do barulho que vem da casa vizinha, não consegue mais dormir. <u>Precisa, portanto, de silêncio</u> (MOT).

O mediador *logo intervém, porque vê que João está se alterando*, e faz ambos notarem que toda posição é um dos possíveis modos de responder às próprias exigências, por isso, *não é criticada, mas aceita enquanto tal*. Quando muito, é preciso ver o que está "por trás": mas isto é matéria dos encontros individuais, nos quais cada parte poderá esclarecer com ele tudo o que foi dito até aquele momento, e também acrescentar alguma coisa sobre as motivações que levam a adotar uma atitude e não outra.

3) Pontos críticos

Antes, porém, de passar aos encontros individuais, o mediador quer examinar o segundo aspecto, o das idéias pessoais que um deveria submeter à atenção do outro: *colocar-se no lugar do outro e procurar dar uma resposta alternativa e construtiva às várias necessidades*. Para facilitar esta dinâmica, explica, o próprio mediador deve fazer as perguntas: as perguntas feitas por um terceiro, de fato, não geram a resistência que habitualmente existe quando é a outra parte que faz; além disso, cada um se sente mais livre de expor os próprios argumentos e mais disponível para compreender os do outro. *Pede, portanto, com firmeza, que enquanto faz as perguntas, e sobretudo enquanto a pessoa interrogada responde, o outro escute atentamente e procure compreender realmente.*

Começa com João: "Como responderia às exigências apresentadas por dona Beatriz relativas à necessária manutenção do apartamento, ao problema dos barulhos diurnos e noturnos, ou ao modo de cobrir as despesas que aumentam em relação aos rendimentos fixos?". João responde: "<u>Penso que a manutenção poderia ser feita com a ajuda de algum conhecido</u> (ALT): muitos estão em condições de pintar portas e janelas ou de passar uma tinta nas paredes, sem cobrar como um trabalhador ou um pintor profissional. Quanto ao problema dos barulhos, a dona Beatriz poderia usar <u>tampões de ouvido ou ligar, também ela, o rádio ou a televisão</u> (ALT). Poderia, depois, para ter maiores rendimentos com as quais cobrir as despesas que crescem, <u>investir o seu dinheiro na bolsa, ou procurar um pequeno trabalho, ou reduzir as despesas</u> (ALT), eliminando as desnecessárias...".

A mesma pergunta foi dirigida a dona Beatriz: "Como resolveria os problemas apresentados por João relativos às despesas, que também para eles aumentam; à casa, já num estado de manutenção não-ideal no momento do aluguel; às instalações desconformes às normas, ou ao fato de que a senhora entra na casa sem avisar". Dona Beatriz pensa um pouco: "Bem, para as despesas que aumentam, respondo como João: <u>poderiam reduzir as desnecessárias ou aumentar os próprios ganhos com algum trabalhinho</u> (ALT); por exemplo, à tarde, em vez de ir ao bar beber uma cerveja, podem ir servir a mesa... Quanto à manutenção, <u>eles poderiam fazê-la também</u>, combinando uma importância que seja boa tanto para eles, como retribuição do trabalho, quanto para mim, como aumento do preço do aluguel. Para as instalações, a única coisa seria regularizá-las, mas se os rapazes decidirem se mudar, preferiria não procurar outros inquilinos, mas <u>colocar o apartamento à venda</u> (ALT). Finalmente, não saberia realmente o que dizer da minha entrada na casa deles sem avisar: se ouço barulhos suspeitos, enquanto não estão lá, tenho medo de que possa se tratar de algum ladrão ou sei lá o quê. E se me destroem a casa? E se tudo voa pelos ares com o gás? <u>Se os rapazes tivessem algum celular, eu me preocuparia em chamá-los, mas se preciso entrar...</u> (ALT).

4) Vamos aos finalmentes

O mediador *deixa claro e com satisfação* que, com o método de se colocar no lugar dos outro e pedir conselhos, <u>nasceram muitas idéias, as quais, de outra forma, corriam o risco de ficar escondidas</u>: especialmente, a possibilidade de realizar algum trabalhinho que aumente os rendimentos para fazer frente às maiores despesas e executar os trabalhos de manutenção não utilizando operários especializados, como economia, mas até os próprios inquilinos, quando estivessem disponíveis. Apareceu também a hipótese da possível venda da casa, que claramente poria fim a todos os problemas de locação; mas, para fazer isto, é preciso sondar a disponibilidade dos inquilinos em se mudar.

Neste ponto, o facilitador interroga João tanto sobre sua capacidade e dos seus colegas de executarem os trabalhos de manutenção, como sobre a intenção deles de se mudar (ALT), visto que, além de outras coisas, falava de apartamentos melhores com igualdade de preço. O jovem parece ver possibilidades nas duas propostas: "Não posso negar que havíamos pensado em pintar as portas, janelas e paredes, mas devemos fazer um acordo sobre o preço. Também mudar de casa era uma idéia que nos atraía, mas a que encontramos está um pouco longe da universidade e os meus colegas não querem se deslocar... De qualquer forma, podemos encontrar alguma outra".

O mediador se dirige depois à dona Beatriz para procurar entender o seu real interesse em vender o apartamento. Ela admite: "Dentre as despesas que considero necessárias estão também as do tratamento nas lamas termais, sem o qual não sei como resistiria aos meus problemas respiratórios e dos ossos. A questão é que os custos estão aumentando; preciso, então, receber cada vez mais (MOT). Na cidadezinha onde faço os tratamentos – que tem lamas particularmente raras, um verdadeiro remédio para os reumatismos –, tudo está ficando caro, porque a região, uma bela localidade à beira-mar, foi invadida pelos turistas, para quem construíram muitos hotéis e lugares de diversão. Estava, então, pensando em comprar uma casinha e ficar lá nos períodos de tratamento ou até mais, assim não precisaria pagar mais pelo hotel, mesmo que nos períodos do inverno a casa ficasse vazia. De qualquer jeito, também o preço para a aquisição das casas não está ao meu alcance, visto que o lugar agora virou moda...".

5) Façamos a paz

O mediador *faz uma proposta que combina as exigências das partes, em dois tempos*. Como perspectiva, permanece a possibilidade de <u>vender a casa</u> (ALT-SOL) e, portanto, a procura de <u>um novo apartamento para alugar</u> (SOL), para João e os seus colegas. No período intermediário – no qual dona Beatriz poderá encontrar quem compre o seu segundo apartamento na cidade para depois comprar, por sua vez, uma casinha na localidade das termas, e os inquilinos poderão procurar um outro apartamento com as características exigidas por eles –, <u>os rapazes poderiam executar os trabalhos de manutenção simples</u> (SOL) em troca de uma pequena contribuição e de conservar o mesmo preço do aluguel, que fica assim <u>de acordo com o mercado</u> (CRI). Esses trabalhos, entre outras coisas, poderiam ajudar a proprietária a vender melhor o apartamento. Finalmente, no que diz respeito à exigência de dona Beatriz de ter mais silêncio, o mediador propõe tentar a solução dos tampões de ouvido, também solicitando que João tenha mais cuidado, especialmente à noite. Para as inspeções, parece aceitável que dona Beatriz <u>chame algum dos rapazes pelo celular antes de entrar no apartamento</u> (SOL).

Neste ponto, o mediador propõe que cheguem a um acordo sobre um tempo médio para os rapazes deixarem o apartamento, durante o qual será executada a manutenção e procurado um comprador. No fim desse período, dona Beatriz terá novamente a casa livre e em ótimo estado, decidindo conservá-la ou vendê-la, e os rapazes terão algum dinheiro a mais – conseguido com os trabalhos de manutenção efetuados – para alugar um novo apartamento.

Ambas as partes confirmam o seu interesse por esta proposta e decidem mesmo executá-la, depois que João, obviamente, verificou por telefone a vontade de seus referenciais, isto é, os <u>companheiros de casa</u> (REF).

Síntese

O conflito

Pedido de aumento do preço de locação, num relacionamento tenso entre inquilinos e proprietária, por questões de manutenção, barulho, instalações...

Os passos aconselhados (sublinhados no corpo da história)

	João & cia.	Dona Beatriz
Posicionamento	Não ao aumento.	"Aumento: destruíram o apartamento!"
Motivações (as reais necessidades)	Manutenção casa/instalações. Mais privacidade, poupar.	Maiores rendimentos. Manutenção casa/instalações. Silêncio.
Referenciais (os interessados)	Os colegas.	Ela mesma.
Alternativas (se não houver acordo)	Manutenção econômica. Mudar-se. Economizar nas despesas.	Manutenção econômica. Tampões de ouvido. Maiores rendimentos?
Emoções	Falta de respeito pela privacidade. Exasperação pelo pagamento. Tratados injustamente?	"Não consigo dormir!" "Não respeitam o acordo!" "Não sou respeitada!"
Critérios compartilhados	Custo da manutenção, preços médios de aluguel para casas semelhantes.	
A solução	Venda futura da casa e outra locação para os rapazes. Manutenção feita pelos inquilinos, nenhum aumento do aluguel. Tampões de ouvido, mais atenção, telefonemas da proprietária antes de entrar na casa para as inspeções.	

As técnicas utilizadas pelo terceiro (em itálico no corpo da história)

1) Para começar (na fase inicial do processo):

- Explicar as características fundamentais da tentativa de conciliação.
- Retomar o que as partes escreveram no pedido/aceitação.
- Sugerir às partes que peçam desculpas reciprocamente e manifestem boa vontade.
- Pedir para não interromper enquanto a outra parte fala, procurando focalizar o problema e compreender realmente (também em 3).
- Intervir quando uma das partes se altera por causa do que a outra parte diz (também em 2).

2) Aprofundamentos (com cada parte ou sobre cada argumento):

- Sondar os interesses, desenvolver as opções e procurar critérios para a decisão.
- Convidar a não permanecerem escravos das próprias posições.
- Sugerir a conveniência de não criticar nem rejeitar a posição do outro; ver o que há "por trás".

3) Pontos críticos (aos quais se deve dar atenção especial):

- Fazer que cada um se coloque no lugar do outro, para dar respostas alternativas e novas.
- Propor a criação de idéias que, de outra maneira, permaneceriam escondidas.

4) Vamos aos finalmentes (concretizar as soluções possíveis):

- Recordar que o elemento básico para o acordo é a igualdade nas gentilezas.
- Apresentar com satisfação um trabalho construtivo.
- Fazer uma proposta comum para a solução.

Capítulo II

"Você pensa que é a dona do edifício!" (entre condôminos)

> Cada um dos elementos que evidenciam os "passos analíticos" está sublinhado e com os respectivos parênteses (depois é retomado sinteticamente no fim da história): *Posicionamentos* (pos); *As reais motivações* (mot); *Os referenciais* (ref); *As alternativas, se não houver acordo* (alt); *As emoções* (em); *Os critérios compartilhados* (cri); *A solução* (sol).
> A história, depois da descrição do conflito, é dividida normalmente em 5 fases, mas algumas podem faltar e outras ser repetidas. Portanto: *O conflito*; 1) *Para começar*; 2) *Aprofundamentos*; 3) *Pontos críticos*; 4) *Vamos aos finalmentes*; 5) *Façamos a paz*.
> As técnicas utilizadas estão em itálico.

O conflito

Entre os ocupantes dos apartamentos de um edifício antigo, no centro de uma cidade à beira-mar, está acontecendo uma das várias controvérsias que angustiam a convivência em muitos condomínios. Trata-se de um terraço na frente do apartamento de cobertura do último andar, de propriedade de uma senhora com mais de oitenta anos, dona Dileta, que mora sozinha depois que o marido morreu e os filhos partiram. Alguns moradores do edifício, não-proprietários e proprietários, gostariam de instalar antenas parabólicas no terraço; a senhora se opõs, seja porque as antenas estariam justamente diante das janelas da sala, seja porque, para ter acesso ao terraço, é preciso passar pelo seu apartamento. Essa área comum do edifício, que é anexa à casa da senhora, não fora até agora um problema, também porque nunca ninguém tivera pretensões de instalar as antenas no terraço.

A história pessoal de dona Dileta não é das mais felizes. Era de família nobre e rica, que, porém, conhecera reviravoltas da sorte, perdendo quase tudo. Conservava como única propriedade o apartamento (um dúplex com terraço privativo no segundo andar, além do terraço do condomínio, no primeiro andar do apartamento) e uma pensão, que começou a receber após a morte do marido dez anos antes, que lhe servia para as despesas habituais e para pagar o salário de uma empregada, uma pessoa realmente dedicada, que também lhe fazia companhia. Infelizmente, há algum tempo, dona Dileta não pode mais contar muito com essa ajuda, por causa dos problemas de saúde da mulher. Além disso, existe o trauma de ter precisado redimensionar o próprio estilo de vida e de ter aos poucos ficado sozinha; então, ela se encontra agora com dificuldade de administrar as atividades cotidianas e com o problema de procurar uma outra pessoa igualmente dedicada.

Dona Dileta não é má. Certamente, porém, a morte do marido, a partida dos filhos e a dificuldade no serviço doméstico fizeram que ela se fechasse cada vez mais em si mesma, como acontece com muitos idosos em situação de solidão. São poucos os contatos que ainda mantém, sobretudo com os outros idosos do edifício, marcados mais pelo respeito do que por uma verdadeira amizade.

A questão do uso do terraço comum surgiu quando os novos inquilinos, a família Bernardini, se dirigiram aos proprietários do seu apartamento, perguntando se havia a possibilidade de instalar uma antena parabólica no terraço do edifício, para uma melhor recepção do sinal. Os proprietários responderam que o terraço do último andar pertencia ao condomínio, e por isso podiam contatar dona Dileta para a instalação da antena em questão. A senhora, porém, havia se mostrado contrária, sem motivar a sua recusa.

O problema fora, portanto, colocado na ordem do dia da próxima assembléia do condomínio, na qual a família Bernardini – que participava como representante dos proprietários do apartamento ocupado por ela – encontrou apoio e ajuda numa outra família de inquilinos, os Mattos, também eles presentes como representantes dos proprietários. A eles se opunham dona Dileta e outros dois casais de idosos proprietários, aos quais não interessava tanto a questão das antenas ou do uso de terraço de propriedade do condomínio, mas antes o relacionamento com dona Dileta, que conheciam a vida toda e em relação à qual tinham quase um temor reverencial pelo seu modo de agir, gentil e aristocrata. De qualquer forma, durante a assembléia, quase todos os condôminos se declararam favoráveis à senhora, que expressara de modo evidente o agradecimento pelo apoio recebido.

Depois daquela assembléia, as duas famílias de inquilinos, os Bernardini e os Mattos, que insistiam na instalação das antenas, encontraram apoio de uma família de proprietários, os Junqueira. Também estes, de fato, estavam interessados na instalação das antenas no terraço, tanto para uma recepção melhor como por uma questão de estética: as antenas, que agora estavam instaladas em cada varanda, estariam quase invisíveis no terraço do último andar. Este aspecto convencera um outro par de famílias do edifício. Previa-se, portanto, a hipótese de que uma maioria de condôminos votasse a favor desta solução, criando porém mal-estar e descontentamento em quem era contrário, em primeiro lugar dona Dileta.

1) Para começar

Na assembléia condominial seguinte, o assunto é colocado na ordem do dia. O síndico, um distinto senhor já de idade, e que há quase meio século exerce esta função no condomínio, quer tentar resolver a coisa de modo pacífico e negociado. Ele sabe muito bem que a lei está do lado de quem quer utilizar o terraço para instalar as antenas, com a inevitável passagem através do apartamento de dona Dileta para a instalação, manutenção, a eventual orientação das antenas etc. E imagina até que esta situação possa criar não poucas tensões, com repercussões na harmonia do edifício.

Há algum tempo, ele acompanha com paixão um curso para mediadores, organizado pela associação de administradores de condomínio à qual pertence, e por isso está muito feliz por aplicar a este caso as técnicas aprendidas. Poderia, portanto, nesta controvérsia, personalizar o "mediador", enquanto terceiro em relação aos condôminos. Poderia existir o risco de uma preferência por aqueles que conhece há muito tempo; mas este risco é bem contrabalançado pelo fato de que o direito está do lado dos outros condôminos e inquilinos, e ele, enquanto síndico, sabe muito bem disso. Além do mais, todos reconhecem nele certa respeitabilidade, pela sua longa experiência e pelo indubitável profissionalismo.

Na abertura da assembléia condominial, o síndico pergunta aos participantes se querem tentar resolver a questão da ordem do dia com um método novo que se chama "mediação", e todos concordam. Depois de ter colocado a premissa de que a melhor solução que puderem encontrar é a que deixa todos contentes sem que ninguém precise recorrer à lei, sugere aos participantes *considerarem o direito e o dever somente como uma solução alternativa,* para se concentrarem mais em *soluções que possam levar em conta também as boas relações* entre condôminos, como valor a ser preservado. Portanto, o direito e a harmonia condominial (CRI) podem representar dois critérios de referência para a solução do caso. Freqüentemente, com efeito, ter em mente aquilo que diz a lei serve para conseguir objetivos que transcendem a aplicação coativa da mesma. É vantagem fixar-se na solidez dos objetivos, conseguidos sem imposições.

2) Aprofundamentos

O administrador começa ouvindo o senhor Bernardini, que expressa a sua perplexidade: "Nunca participei de uma mediação, portanto, poderia me enganar, mas como faço para colocar de lado direitos e deveres, especialmente o meu direito de instalar a antena no terraço do condomínio (em-pos), que neste caso parece a única coisa sobre a qual posso me apoiar para convencer dona Dileta que quer ditar lei para o edifício?". Dona Dileta se sente logo atacada (em) e ameaça responder, *mas um olhar do síndico lhe sugere ter paciência.*

O mediador explica novamente ao senhor Bernardini que não se trata de tirar a tutela que o direito lhe permite, mas de *verificar se a mesma solução que o direito lhe permitiria impor, pode ser conseguida com o acordo da outra parte*, isto é, se o seu direito de instalar a antena, portanto de ter uma recepção otimizada do sinal televisivo (mot-cri), pode ser obtido sem imposições à dona Dileta. "Significa, então, que deveria deixar-me ludibriar?" (em), intervém a senhora. O síndico *se desculpa se acaso não foi claro e explica* que não se trata de enganar ninguém, mas de ver se o interesse das famílias Bernardini, Mattos e Junqueira de instalar a antena pode ser combinado com o interesse de dona Dileta de ter uma visão sem antenas da sua janela e uma privacidade/segurança (MOT), sem estranhos passando no terraço em frente à sua casa.

"Sem desprezar a questão da estética do edifício (MOT)", intervém de repente o senhor Junqueira, que já discutira sobre este problema com os outros condôminos não interessados nas antenas, mas na boa aparência externa do edifício. "Também eu e a minha família estamos interessados na instalação da antena no terraço, mas nos interessa também o aspecto externo do edifício visto da rua." "Se falamos de estética externa (MOT), porque não falamos também dos toldos que a família Mattos colocou nas suas varandas?", intervém dona Dileta. "Mas, agora, o que nos interessam os toldos?", desabafa a senhora Mattos, que se sente atacada por um outro lado (EM), enquanto pensava estar completamente do lado da razão. "Talvez os condôminos não lembram que os toldos já estavam lá, mas ninguém os tirou porque a casa estava desabitada até que nós a alugamos!"

O administrador *permite que cada um exponha a sua opinião, mesmo porque o clima fica mais civilizado, no final das contas,* e faz notar que também *das discussões livres, desenvolvidas adequadamente, pode nascer uma solução para o problema.* É preciso, neste ponto, ver quais são os problemas objetivos que devem ser enfrentados juntos e *resolver, com o consentimento do maior número possível de pessoas, pois esta é a melhor garantia de respeito dos acor-*

dos firmados, justamente porque ninguém teria interesse ou vontade de contrariá-los. Portanto, *propõe novamente todos os argumentos, velhos e novos, que apareceram*: a questão das antenas a serem instaladas no terraço do condomínio no último andar, para uma óbvia melhor recepção; a contrariedade de dona Dileta em ter as tais antenas diante de sua casa e o problema da estética externa do edifício, que envolve tanto as antenas como os toldos.

Embora isso diga respeito, de alguma forma, a todos os condôminos, os interessados diretos na solução do problema são, na realidade, dona Dileta e a família Junqueira na qualidade de proprietários, e as famílias Bernardini e Mattos como inquilinos representando os respectivos proprietários. Por uma coincidência singular, os apartamentos em questão estão situados todos do lado da rua: isto poderia representar uma solução, embora a participação e o assentimento à solução eventual dos outros condôminos não diretamente interessados sejam sempre oportunos para a harmonia geral do condomínio (CRI).

3) Pontos críticos

O síndico passa, portanto, a perguntar separadamente, aos três representantes dos núcleos familiares interessados na instalação das antenas, o que teriam a intenção de fazer no caso de não chegarem a um acordo. O senhor Bernardini diz: "Com certeza <u>usaria a posição de força que o direito me reconhece</u> (ALT) e imporia a instalação das antenas nesse bendito terraço, ainda mais que isso vem de encontro às exigências de quem quer preservar a boa apresentação externa do edifício". Também a senhora Mattos é desta opinião: "Sim, também nós faríamos a mesma coisa, mas sobre os toldos não há o que falar; não vejo por que deveríamos morrer de calor, com a exposição ao sol que ao meio-dia o nosso apartamento tem; além do mais, os toldos escondem em parte também a visão da nossa antena, que queremos levar para cima". O senhor Junqueira pensa diferente: "Bom, nós queremos preservar um bom relacionamento com dona Dileta e <u>viver em harmonia com todos os outros condôminos</u> (CRI). No que diz respeito aos toldos, também nós morremos de calor e seria bom colocar alguns nas nossas varandas, se fossem do mesmo tipo e homogêneos, como se vê em muitos condomínios do centro, onde também os toldos dão quase um prestígio a mais ao próprio imóvel. No caso das antenas, esperamos realmente que se possa encontrar uma solução que satisfaça a todos...".

Neste ponto, consciente de que *às vezes os problemas se resolvem lembrando situações de alguma forma diver-*

sas, como atestam as alternativas que estão surgindo espontaneamente no decorrer da reunião, o síndico/mediador pergunta também aos outros condôminos *se há convergência de interesses sobre uma idéia vinda à margem da discussão sobre o assunto principal*: instalar <u>toldos uniformes na fachada externa do edifício</u> (SOL), que poderiam também ajudar a resolver o problema fundamental, a instalação das antenas no terraço do condomínio anexo ao apartamento de dona Dileta. A idéia é acolhida pelos condôminos, embora, especificam, as despesas devam ficar por conta de cada interessado. Também dona Dileta é favorável: "Mesmo eu gostaria de instalar os toldos naquela famosa varanda, contanto que sejam iguais aos das varandas de baixo. De qualquer jeito, isto resolve somente o problema de não ver as antenas, enquanto permanece o problema do acesso ao terraço diante do meu apartamento".

O síndico gostaria de *conservar o clima de consenso* que se estabeleceu em torno da questão dos toldos, mesmo sendo um problema diferente daquele relativo às antenas; ou melhor, gostaria de *usar esta sintonia para resolver também a questão principal*. Portanto, pede aos presentes o consentimento para deixar temporariamente a assembléia acompanhado por dona Dileta, para ver se a questão das antenas pode ser resolvida de outra forma. Na realidade quer *sondar, reservadamente, uma possível solução que não quer "pôr na mesa", diante de todos, para não colocar dona Dileta numa situação embaraçosa*. De fato, sabe que o apartamento dela tem espaços amplos na cobertura, espaços de sua propriedade exclusiva, sobre os quais ninguém pode ter nenhuma pretensão. Estes poderiam ser "permutados" em troca da liberdade do terraço do condomínio em frente do seu apartamento.

4) Vamos aos finalmentes (dona Dileta)

Dona Dileta encontra um modo de desabafar logo com uma pessoa que conhece há muito tempo: "Mas veja o que está acontecendo comigo, agora que <u>sou velha e sozinha</u> (EM). O senhor compreende que me sentiria como <u>violada na minha privacidade</u> (EM) por aquelas malditas antenas? Sabe quanto meu marido quis comprar aquele bendito terraço, só que antes não havia o consentimento dos outros condôminos, depois houve problemas econômicos que tornaram impossível a compra. E agora sou obrigada a ver aquelas antenas todos os dias, justamente eu que nunca assisto à televisão?". E começa a soluçar disfarçadamente.

O mediador sugere a dona Dileta, antes de tudo, *separar as pessoas do problema*, no sentido de não pensar que os outros têm alguma coisa contra ela: simplesmente desejam ver melhor a televisão, e a lei está do lado deles, também pelo direito de passagem pelo apartamento dela para a eventual manutenção das antenas. Ele percebe o valor simbólico daquele terraço, que nunca pôde se tornar propriedade de dona Dileta pelos problemas recordados. Esses *aspectos emotivos não teriam nenhum valor, caso os interessados quisessem levar adiante, a todo custo, a questão objetiva*. E daria, portanto, início a uma causa à qual ela não poderia se opor, com uma conseqüente derrota muito desagradável, também em nível pessoal e relacional.

Passa-se, depois, ao problema da solidão. "Como o senhor sabe, não tenho mais quase ninguém", confia dona Dileta ao síndico. "Até a pessoa que me ajudava está mal e corre o risco de não vir mais, e <u>eu preciso muito de ajuda</u> (MOT)". O problema da solidão, embora esteja fora da questão principal, é *um argumento que deve ser tratado porque, se dona Dileta se sentisse mais à vontade, provavelmente poderia estar mais disponível para outras questões*. "Não seria possível procurar uma substituta para a sua empregada doméstica, talvez entre as pessoas que ajudam outras famílias do edifício? Tenho, por exemplo, ouvido dizer que a senhora que presta serviço na casa dos Junqueira perdeu um outro emprego... eu a conheço e me parece uma pessoa de bem." "<u>Talvez pudesse substituir a minha ajudante</u> (SOL): sinto-me tão mal sem uma ajuda!", exclama dona Dileta, reanimada por esta possibilidade.

Neste ponto, o mediador julga oportuno enfrentar o último argumento, o mais técnico, mas também aquele pelo qual tudo se movimentou, *e que se pode oportunamente enfrentar agora que as questões emotivas vieram à baila e tiveram a sua vez.* Concorda com dona Dileta que o problema não seria colocado se as antenas fossem instaladas no alto, mas não naquele terraço e não diante dos seus olhos. "Sim, é justamente assim", confirma ela. O administrador lhe sugere refletir, como uma senhora nobre que é, sobre como *resolver de maneira elegante a questão, não perdendo a dignidade*. Poderia, por exemplo, <u>dar permissão para instalar as antenas no outro terraço, aquele de cima do seu apartamento</u> (SOL). "Está bem", concorda dona Dileta, "com a condição de que os interessados passem pela escada externa e que se encarreguem de instalar um portãozinho blindado, que somente possa ser aberto pela minha casa...".

Esta proposta encontra logo o apoio dos Bernardini, dos Mattos e dos Junqueira. E assim todos os problemas são resolvidos: encontra-se uma <u>colocação ótima para as antenas</u> (SOL), no ponto mais alto do edifício; decide-se <u>instalar toldos uniformes nas varandas</u> (SOL); e é encontrada uma <u>ajuda para dona Dileta</u> (SOL).

Estes dois últimos aspectos surgiram durante a mediação e satisfazem os interesses e as necessidades latentes que vieram à tona somente falando sobre os problemas. Muito freqüentemente, de fato, acontece não somente que as questões aparentemente externas ao problema principal ajudem a resolvê-lo, mas também que a solução da controvérsia principal sirva para satisfazer interesses que não estão em jogo.

Síntese

O conflito

Pedido, por parte de alguns condôminos e inquilinos, para usar um terraço do condomínio em frente ao apartamento de propriedade de uma senhora idosa, sozinha e de temperamento difícil, para instalar lá antenas de TV.

Os passos aconselhados (sublinhados no corpo da história)

	DONA DILETA	GRUPO PRÓ-ANTENAS
POSICIONAMENTO	Não às antenas diante de casa!	Direito de instalar antenas.
MOTIVAÇÕES (AS REAIS NECESSIDADES)	Ter visão livre. Privacidade/segurança. Companhia/ajuda.	Ótima recepção do sinal. Estética do edifício. Relacionamentos tranqüilos.
REFERENCIAIS (OS INTERESSADOS)	Ela mesma.	Outros condôminos.
ALTERNATIVAS (SE NÃO HOUVER ACORDO)	Conformar-se.	Imposição do seu direito.
EMOÇÕES	Sente-se atacada, só e velha.	Direito a antenas.
CRITÉRIOS COMPARTILHADOS	Direito, harmonia condominial, recepção do sinal.	
A SOLUÇÃO	Um terraço privado para as antenas, com portãozinho. Companhia para dona Dileta e toldos uniformes.	

As técnicas utilizadas pelo terceiro (em itálico no corpo da história)

1) Para começar (na fase inicial do processo):

- Pedir que sejam considerados direitos e deveres como um aspecto alternativo.
- Focalizar o valor das boas relações entre as partes.

2) Aprofundamentos (com cada parte ou sobre cada argumento):

- Sugerir às partes, verbalmente ou não, que tenham paciência.
- Pedir que separem as pessoas do problema, a questão pessoal da objetiva (também em 4).
- Desculpar-se se não for claro e, eventualmente, explicar novamente.
- Permitir que cada um expresse a própria opinião num clima sereno.
- Favorecer as discussões livres: pode nascer uma solução (também em 4).
- Levar a um consenso, que é garantia de respeito aos acordos (também em 3 e 4).
- Sugerir soluções que permitam "salvar as aparências" (também em 3 e 4).

3) Pontos críticos (aos quais se deve dar atenção especial):

- Sondar possíveis soluções em separado, se forem criar embaraço.
- Propor novamente todos os argumentos surgidos na discussão.

- Recordar que às vezes os problemas são resolvidos com aspectos externos.
- Avaliar se há convergência sobre uma idéia vinda à margem do problema principal.
- Valorizar a sintonia para resolver o todo, conservando um clima de consenso.

4) Vamos aos finalmentes (concretizar as soluções possíveis):

- Ajudar a assumir os aspectos emotivos racionalmente para resolver com objetividade.
- Fazer vir à tona também problemas pessoais para resolver o resto (também em 3).
- Recordar que, em geral, o acordo satisfaz melhor que a imposição (também em 2).

Capítulo III

"Ou por bem ou... por bem!" (entre uma paróquia e uma fábrica)

> Cada um dos elementos que evidenciam os "passos analíticos" está sublinhado e com os respectivos parênteses (depois é retomado sinteticamente no fim da história): *Posicionamentos* (pos); *As reais motivações* (mot); *Os referenciais* (ref); *As alternativas, se não houver acordo* (alt); *As emoções* (em); *Os critérios compartilhados* (cri); *A solução* (sol).
> A história, depois da descrição do conflito, é dividida normalmente em 5 fases, mas algumas podem faltar e outras ser repetidas. Portanto: *O conflito*; 1) *Para começar*; 2) *Aprofundamentos*; 3) *Pontos críticos*; 4) *Vamos aos finalmentes*; 5) *Façamos a paz*.
> As técnicas utilizadas estão em itálico.

O conflito

Padre Caetano é pároco na periferia de uma cidade do sul do Brasil. Sua igreja, um edifício moderno, limita-se com uma região de instalações industriais. A primeira fábrica daquela região, bem visível da igreja, trabalha com a reciclagem de pilhas e baterias usadas.

O problema são os caminhões que transportam a matéria-prima para a fábrica: os motoristas têm o costume de estacionar e fazer manobras na rua, em frente à fábrica, ao lado do terreno da igreja onde são desenvolvidas as clássicas atividades da catequese, dentre as quais as dinâmicas com crianças e jovens. Os proprietários da fábrica não parecem minimamente interessados em evitar os perigos ligados às manobras e à carga dos caminhões, talvez porque tenham "as costas quentes" com as autoridades municipais, que prorrogam continuamente a concessão do terreno, de propriedade pública.

O padre Caetano foi várias vezes falar com quem lhe era indicado como responsável pela fábrica, mas cada vez que ia, conhecia e era apresentado a uma pessoa diferente. Alguém lhe garantiu, de modo falsamente cortês, que faria alguma coisa, mas a situação permanecia sempre na mesma; outros minimizavam o problema; outros, ainda, haviam passado a vagas ameaças.

Todos os paroquianos estavam de olho na situação, e cada um respondia a seu modo: havia quem não mandava mais os filhos à catequese, quem não freqüentava mais a paróquia, e havia também quem apoiava o pároco, ou melhor, quem queria fazer uma guerra mais dura contra a fábrica e os seus discutíveis proprietários.

Os caminhões, na realidade, não descarregavam na rua, somente paravam e faziam manobras, como em qualquer outro lugar público. E, de um ponto de vista formal, poderiam fazê-lo sem problema. De um ponto de vista substancial, porém, a presença deles representava um perigo potencial, porque às vezes acontecia que, no ato da manobra, antes de engatar a marcha a ré, algum caminhão muito carregado perdia um pouco de detritos que, em geral, ficavam na rua até quando o pároco ou algum outro voluntário fosse recolhê-los, com os cuidados oportunos, para depositá-los no devido coletor.

A situação piorou durante a ausência do padre Caetano, quando ele viajou para o exterior para visitar uma missão. Repetindo-se com mais freqüência a queda de detritos dos caminhões em manobra, alguns paroquianos decidiram, de sua livre e espontânea vontade, bloquear o acesso dos caminhões. Isso fez que os motoristas e os responsáveis pela fábrica ficassem muito alterados. Primeiro, ameaçaram e, depois, chamaram a polícia para intervir, preferindo enfrentar a questão do ponto de vista da legitimidade, embora suspeita, da concessão. Resultado: aqueles que protestavam tiveram que desistir.

O pároco achou a situação precipitada e, como bom padre, mas também severo, "puxou a orelha" de quem se deixou enredar, mesmo que compreendesse as razões deles. Por isso, procurou se esforçar para que a controvérsia, que se criara, chegasse a uma solução global do problema. De fato, os da fábrica não podiam mais fingir que ignoravam a questão, porque, a essa altura, se viam obrigados a atacar ou a contra-atacar para defender os seus interesses. Além do mais, um dos conselheiros municipais, que pertencia à paróquia, levou a notícia de que o seu grupo conseguira sustar momentaneamente o pedido de concessão de mais espaços, apresentada pela fábrica para ampliar as suas atividades. Conceder esses espaços significava tirá-los dos vizinhos: da paróquia ou de um paroquiano, um dos mais aguerridos contra a fábrica.

O padre Caetano, na sua recente viagem ao exterior, ouvira falar de *mediation*, um procedimento que é usado no caso de controvérsia entre duas ou mais partes. Contatou, portanto, uma mediadora, uma contadora destemida da qual teve boas referências por meio de uma sua paroquiana, pedindo-lhe que encaminhasse uma tentativa de mediação para os proprietários da fábrica. E foi o mesmo escritório da mediadora, como habitualmente acontece, que contatou a outra parte, neste caso o representante legal da fábrica, o doutor Bastos. Este, depois de ter conversado com os proprietários (REF), aceitou participar da tentativa de conciliação, esperando conseguir por bem aquilo que diversamente os seus patrões procurariam conseguir de outro modo...

1) Para começar e
3) Pontos críticos

O padre Caetano e o doutor Bastos se encontram no escritório da contadora, ambos acompanhados de um advogado. A mediadora decide *colocar logo a questão do ponto de vista mais "mediador" possível*, evitando assim o "braço de ferro" já existente. Depois de *agradecer as partes pela participação na tentativa*, apresenta as características principais da mediação e *encoraja as próprias partes a usar as suas palavras iniciais* não tanto para fazer exigências, mas *para explicar por que julgam que a sua posição esteja certa*. Sublinha que devem ser *evitadas colocações absolutamente irracionais*, que correriam o risco de ser descartadas imediatamente; cada um deve procurar *concentrar-se* mais *nas necessidades e nos interesses, omitindo comentários que possam ameaçar o processo.*

O advogado da fábrica começa perguntando se o padre Caetano está autorizado a sentar-se àquela mesa, como o é, ao contrário, o doutor Bastos, administrador delegado e representante legal da fábrica em questão. A mediadora observa que é oportuno que *os consultores falem quando forem diretamente interpelados e não no lugar das partes*, mas esta exceção feita pelo advogado da fábrica é importante porque, caso se chegue a um acordo, *é preciso que seja assinado pelos titulares dos respectivos direitos* e que eles o cumpram ou se comprometam a fazê-los cumprir. Padre Caetano esclarece que é o representante legal da paróquia e acrescenta que, antes de sua viagem ao exterior, passara uma procuração especial ao advogado que agora está com ele. Portanto, não há qualquer problema: o acordo poderá ser assinado pelo procurador ou pelo próprio padre Caetano.

O advogado da fábrica continua a falar em nome do doutor Bastos: "<u>É inconcebível que as pessoas da paróquia tenham praticado atos tão irracionais</u> (pos-em), como bloquear meios privados, portanto, de propriedade de outro, numa rua pública, que é de todos, interrompendo o trabalho de uma fábrica que <u>atua de modo regulamentar</u> (em) e não pode ser acusada de nada! <u>Exigimos que isto não aconteça mais</u> (pos), ou melhor, pedimos <u>o ressarcimento por aquele dia no qual o trabalho de fato esteve paralisado</u> (pos-mot)".

A palavra é passada ao padre Caetano que, de modo <u>muito mais tranqüilo e simples</u> (em), afirma: "Como o doutor Bastos certamente já sabe, eu não estava presente no momento do bloqueio dos caminhões, porque me encontrava no exterior. Pessoalmente nunca pensei <u>numa ação legal contra o senhor</u> (alt), e estou aqui para demonstrar minha boa vontade e de quem represento na solução da situação. Certamente, porém, deve-se admitir, de sua parte, a queda de detritos dos caminhões quando manobram: eu mesmo muitas vezes tive que recolhê-los e depositá-los nos devidos coletores, para evitar que <u>alguma criança</u> (REF) pudesse tocá-los ou, pior ainda, levá-los à boca. Sem contar o risco de acidentes dos caminhões em manobra, visto que os motoristas estão tão seguros de sua atividade... Imagine o <u>nosso medo</u>! (EM)".

Os representantes da empresa permanecem impassíveis. O padre Caetano prossegue, com o tácito assentimento da mediadora: "Muitas vezes tentamos de modo pacífico e respeitoso ter um diálogo com os responsáveis pela fábrica e com os caminhoneiros, mas a situação não se alterou minimamente, e fomos até freqüentemente tratados de modo hostil. Neste ponto, posso compreender como os meus <u>paroquianos</u> (REF) se <u>sentiram enganados</u> (EM) e, num momento de desespero, tenham expressado o seu descontentamento com o bloqueio dos caminhões, para <u>evitar o perigo dos detritos</u> (MOT). Mas Deus sabe tirar coisas boas de tudo: às vezes também o conflito pode servir para se encontrar uma compreensão maior entre as pessoas de boa vontade...".

A mediadora *agradece a ambos pela clareza e pelo respeito demonstrados e retoma os pedidos e as motivações adotados por cada um.* Pela fábrica, o interesse compreensível é o de <u>continuar o trabalho sem interrupções</u> (MOT), uma vez que tem toda a documentação em ordem e as quedas dos detritos, a seu ver, não são perigosas. Pela paróquia, trata-se de <u>garantir a segurança dos próprios</u>

fiéis, especialmente das crianças (MOT), ameaçada não pela fábrica em si, mas pela repetida queda dos detritos, potencialmente perigosos. Na realidade, observa a mediadora, somente um consultor técnico ou um perito (CRI) poderia com certeza *avaliar essa periculosidade*. Quanto às questões – à parte o ressarcimento pelo dia de paralisação da fábrica por causa do bloqueio, do qual eventualmente vai se falar no final –, não parece que haja uma incompatibilidade de interesses; ao contrário, *o pedido da fábrica de poder trabalhar sem impedimentos parece complementar ao pedido de maior segurança feito pela paróquia*, ainda que se trate de planos diferentes.

Neste ponto, a melhor coisa, *para evitar que uma das duas partes tome a iniciativa antes da outra, é prosseguir com encontros separados,* para *sondar melhor os eventuais posteriores interesses escondidos e as opções que devem ser postas em jogo para a solução.*

2) Aprofundamentos (com o doutor Bastos)

A mediadora *começa pelos contendores mais aguerridos*: o doutor Bastos e o seu advogado, perguntando como se sentiram no dia do bloqueio dos caminhões. O doutor Bastos toma a palavra e, com ar bonachão diz: "Veja, fiquei muito mal (EM), porque foi como um raio no céu sereno. Sabemos que não fazemos uma boa ação, mas também não estamos fabricando armas, ou melhor, o nosso trabalho serve para defender o meio ambiente... E, depois, fazemos as coisas respeitando as normas vigentes... Esse protesto nos pareceu absolutamente fora de lugar e realmente tendencioso. Nós não estamos brincando, como fazem as crianças da catequese: estamos trabalhando; ou melhor, damos trabalho a muitas pessoas da região, também a alguns paroquianos. Ao contrário, parece que eles estão brincando de colocar os bons contra os maus...".

A doutora se dirige ao advogado, perguntando-lhe se quer acrescentar alguma coisa: "Sim, considero que a posição do meu cliente, e da empresa que legalmente represento, é plenamente sustentável, até diante de um juiz (ALT). Parece irracional e destituída de qualquer fundamento a pretensão da outra parte de querer bloquear com elementos tendenciosos a atividade de uma fábrica que trabalha dentro da lei e que desenvolve até um louvável trabalho de defesa do meio ambiente. Por isso, repito que, de alguma forma, o ressarcimento é devido (POS), porque houve uma interrupção arbitrária da atividade de trabalho da fábrica, e isto poderia também servir de aviso para que a coisa não se repita mais (POS)".

Mas quais são os referenciais a serem levados em conta, envolvidos no sucesso da controvérsia? O doutor

Bastos responde: "Indubitavelmente muitos: a administração da fábrica (REF), antes de tudo, que não quer saber de brigas inúteis, ou melhor, deseja que tudo siga adiante (além do mais, a senhora sabe que não se usam luvas de pelica quando se trata de defender os seus interesses, entende?); depois, os trabalhadores (REF), que não podem interromper o seu trabalho, inclusive aqueles caminhoneiros (REF) tão impetuosos nas suas reações...".

3) Pontos críticos

A mediadora *agradece por esses elementos posteriores e esclarecedores*, mas gostaria de *desvincular a discussão do desencontro de vontades* (coisa que normalmente acontece nos tribunais). Sugere, portanto, que se *desvinculem do seu posicionamento, para ver como contemporizar os interesses*, especialmente o direito da fábrica de trabalhar, tanto mais se o faz respeitando as normas vigentes, com o direito dos pais de evitar qualquer risco para os seus filhos, e também para si mesmos.

Propõe, então, que cada um se coloque no lugar do outro e pergunta, tanto ao doutor Bastos como ao seu advogado, como se sentiriam se soubessem que no lugar onde os seus filhos brincam há o risco de que um caminhão, manobrando, os atropele ou que algum material perigoso, caído do mesmo caminhão, pudesse prejudicá-los. "Ah, eu mandaria os meus filhos brincarem em outro lugar...", exclama o doutor Bastos, seguido de um gesto amplo de assentimento de seu advogado. Mas a mediadora faz notar que a paróquia é muitas vezes o único lugar seguro onde os pais podem deixar os filhos, especialmente considerando que se está falando de uma região de periferia, em que não existem outros lugares de reunião que não sejam perigosos, com o risco de acidentes viários, drogas ou violência...

Quase de surpresa, neste ponto, o doutor Bastos retoma a palavra: "Veja, doutora, uma solução seria a seguinte: <u>a nossa fábrica tem necessidade de mais espaço para expandir as próprias atividades</u> (MOT), mas um veto municipal não nos permite fazê-lo, a menos que se aumente a área da fábrica proporcionalmente ao desenvolvimento exigido. Nós nos limitamos por dois lados com as ruas e por outros dois lados com a paróquia e com o terreno de um paroquiano, um dos mais exaltados do grupo. Poderíamos chegar a pedir a desapropriação daqueles terrenos, mas isso significaria perda de tempo e complicações... Se quisessem ceder parte daqueles terrenos, nós poderíamos ampliar as nossas atividades e também dispor do espaço necessário para as manobras dos caminhões, evitando assim riscos que, de qualquer forma, me parecem mínimos, se não inexistentes...".

O advogado parece favorável a esta solução, que evita uma perda de dinheiro e permite à fábrica atingir um objetivo difícil de realizar de outra forma. Acrescenta somente: "Se aceitassem, ficaria somente a questão do <u>ressarcimento do prejuízo por aquele dia de paralisação</u> (pos)". Se, porém, a outra parte aceitasse esta solução, talvez se pudesse refletir sobre este ponto numa ótica mais ampla, considerando as vantagens que a fábrica teria com a expansão, sugere a mediadora.

2) Aprofundamentos (com o padre Caetano)

A mediadora encontra, então, o padre Caetano e o seu advogado, e pergunta quanto foi o investimento emotivo que os seus paroquianos, e eles mesmos, colocaram na contenda. Fala o advogado, que participou diretamente no bloqueio dos caminhões: "Não escondo que o nível de tensão é alto, também porque o pessoal da fábrica demorou muito para me conceder um mínimo de consideração. Somente quando foram encostados na parede responderam, e agora aumentam as próprias pretensões com o pedido do ressarcimento pelo dia de trabalho perdido! Percebo que também eu exagerei, mas sabe como nos sentimos deixando nossos filhos à mercê

daqueles caminhões enormes e da sua carga perigosa?".
O padre Caetano confirma com um sinal de cabeça.

A doutora relata que o doutor Bastos e o seu representante legal se mostraram decididos a resolver a questão, propondo <u>adquirir o terreno da paróquia para aumentar as atividades da fábrica e permitir as manobras sem riscos</u> (CRI-SOL). E se mostra convencida da possibilidade de derrubar a proposta de ressarcimento dos prejuízos.

Pegos de surpresa, o padre Caetano e o advogado se mostram um pouco desconfiados. "Parece-me estranho que a empresa queira ser tão 'boa', concordando com alguma coisa que antes não havia nem sequer considerado, tanto que não deram seguimento às nossas pretensões pacíficas...", são as palavras perplexas do padre Caetano, que ainda não percebeu a conveniência, para a fábrica, da proposta feita. O advogado tem, ao contrário, alguma perplexidade com relação à imagem: "Depois de tudo aquilo que fizeram, retirar-nos e, até, vender parte dos terrenos para a fábrica seria como fazer feio...".

A mediadora procura *afastar qualquer dúvida, levando-os a um raciocínio sadio*: neste caso, o aumento exigido seria feito às claras, sem conveniências ou conluios; além disso, se o interesse dos paroquianos é <u>o de não ter caminhões manobrando e detritos perigosos</u> (MOT-CRI), este *interesse seria satisfeito. E isto salvaria também as "aparências"*. É próprio de pessoas inflexíveis e obtusas continuar a fazer guerra se os pressupostos deixaram de existir, ou melhor, se foram acolhidas as pretensões justas. Além do mais, onde está o perdão cristão?

5) Façamos a paz

O encontro foi agendado para permitir ao grupo dos <u>proprietários da fábrica</u> (REF), aos quais o doutor Bastos deve prestar contas, fazer as próprias avaliações sobre o eventual fracasso no pedido de ressarcimento, em confronto com a possibilidade de <u>expandir as atividades e dar prosseguimento aos projetos de desenvolvimento</u> (MOT) e conseqüente aumento de renda. Ao mesmo tempo, na paróquia, é avaliada a venda daquele pedaço de terreno e são realizados encontros com a comunidade para explicar as razões de um possível acordo com a fábrica. Aos mais duros, que entenderam a batalha como uma cruzada, o padre Caetano explica que, de alguma forma, se atinge o objetivo desejado: <u>garantir a segurança, sem caminhões e detritos perigosos nos arredores</u> (MOT). A todos recorda que é próprio de verdadeiros cristãos ir ao encontro, também e sobretudo, dos "inimigos". Além disso, o preço da venda do terreno vai sustentar a missão.

Acolhidas as adesões de todos os interessados, procede-se à assinatura do acordo, na presença da mediadora, no salão paroquial, para demonstrar a disponibilidade da fábrica em pensar nos outros. Por ambas as partes é assinado o compromisso para a <u>aquisição do terreno da paróquia</u> (SOL), que serve para a fábrica <u>potencializar suas atividades</u> (MOT). Os proprietários da empresa se empenham, depois, em resolver a questão das manobras dos caminhões, <u>que serão feitas dentro da nova área, para a segurança dos paroquianos e das crianças</u> (MOT). Declara-se, assim, encerrada a matéria da controvérsia e se passa por cima do pedido de ressarcimento pelo dia de trabalho perdido.

Síntese

O conflito

Desavença entre uma paróquia e uma fábrica/depósito vizinha, pelos detritos potencialmente perigosos que esta última recicla e que caem no terreno em frente à paróquia.

Os passos aconselhados (sublinhados no corpo da história)

	Paróquia	Fábrica
Posicionamento	Eliminar os detritos perigosos. Eliminar os caminhões.	"Que não aconteça mais!" Ressarcimento dos prejuízos.
Motivações (as reais necessidades)	Segurança de todos.	Trabalhar, expandir-se.
Referenciais (os interessados)	Paroquianos, crianças.	Propriedade, caminhoneiros.
Alternativas (se não houver acordo)	Processo civil.	Processo civil.
Emoções	Tranqüilidade, mas não ceder. Medo, engodos?	Arrogância e desafio. "Nós estamos dentro da lei!"
Critérios compartilhados	Consultoria sobre a periculosidade dos detritos. Porção de terreno para aumentar o espaço das atividades da fábrica e das manobras.	
A solução	A paróquia vende para a fábrica a parte do terreno que servirá para a expansão das atividades e para as manobras dos caminhões que deixam cair os detritos.	

As técnicas utilizadas pelo terceiro (em itálico no corpo da história)

1) Para começar (na fase inicial do processo):

- Colocar logo a questão do ponto de vista central da mediação.

- Agradecer as partes pela participação, pela clareza, pelo respeito.
- Sugerir o uso de declarações iniciais para motivar a própria posição.
- Pedir que se concentrem em interesses e necessidades.
- Evitar que as partes se distanciem e façam comentários ofensivos e ameaçadores.
- Deixar que os consultores falem apenas se interpelados, e não no lugar das partes (essencial que estejam presentes titulares dos direitos para o acordo).

2) Aprofundamentos (com cada parte ou sobre cada argumento):

- Retomar as exigências e as motivações de cada parte (também em 1).
- Evidenciar a complementaridade dos interesses (também em 4).
- Organizar encontros separados para evitar que uma parte precise se "revelar".
- Sondar eventuais interesses escondidos na conversa reservada.

- Começar os encontros individuais com os mais exaltados.

3) Pontos críticos (aos quais se deve dar atenção especial):

- Desvincular a discussão do desencontro de vontades e das posições.
- Convidar cada parte a se colocar no lugar da outra, para a solução.

4) Vamos aos finalmentes (concretizar as soluções possíveis):

- Prever que as questões ou são resolvidas em conjunto ou não são resolvidas.
- Sugerir bom senso nas propostas de satisfação dos interesses recíprocos.

Sumário

Prefácio 5

Introdução 9

Primeira parte
Conflito e acordo nas famílias

Capítulo I – "Vou voltar para a casa da minha mãe!"
(entre marido e mulher).................................... 23

Capítulo II – "Você não entende mesmo nada!"
(entre pai e filho).. 41

Capítulo III – "Você sempre foi a preferida!"
(entre irmãs) 63

Capítulo IV – "Este é o carisma da instituição!"
(em uma congregação religiosa) 85

Segunda parte
Conflito e acordo na escola

Capítulo I – "A minha matéria é a mais importante!"
(entre professores) 107

Capítulo II – "Você poderia render muito mais!"
(entre professores e aluno) 129

Capítulo III – "Você é um negro!"
(entre alunos de nacionalidades diferentes) 149

Terceira parte
Conflito e acordo na sociedade

Capítulo I – "A casa é um nojo!"
(entre inquilinos e proprietários) 169

Capítulo II – "Você pensa que é a dona do edifício!"
(entre condôminos) 187

Capítulo III – "Ou por bem ou... por bem!"
(entre uma paróquia e uma fábrica) 205